学年主任
365日の
仕事大全

丸

JN017636

明治図書

はじめに

本書を手に取ってくださっている方は，

- 今回初めて学年主任を務める方
- 何度か学年主任を務めたけれど，あまりうまくいかなくて悩んでいる方
- これまで学年主任を務めた経験があり，学年主任としての力をアップデートしたい方

といった方々ではないかなぁと思います。

本屋さんやインターネットには「学級づくり」「授業づくり」関係の書籍はずらっと並んでいますが，校務分掌関係の書籍は，そう多くは並んでいません。その中でも「学年主任」というジャンルの書籍は数少ないものになっているのが現状です。

しかし，「学年主任」という仕事は，校内でもとても大切な分掌です。

- どの学校にも間違いなく存在する
- 一つの学校に基本的には6人は存在する

そんな条件がつく学年主任ですから，最近は，「学年主任の若年化」が進んでいます。いまや40代，30代ではなく，20代の学年主任が当たり前という時代になりました。

学年主任の若年化により学校は変化していますが，変化しているのは学校だけではありません。社会も大きく変化しています。

「VUCA」という言葉を聞いたことはあるでしょうか。

「Volatility（変動性）・Uncertainty（不確実性）・Complexity（複雑性）・Ambiguity（曖昧性）」の頭文字をとったものであり，時代の変化が激しく，予測できないことを表しています。

そのように時代も大きく変化していますから，人の価値観や考え方も大きく変化してきています。

一昔前の価値観や考え，やり方は大きく変わってきています。かつては「学年主任が言うんだから」というスタンスで仕事が進んでいくことも多かったですが，今の時代はそうではありません。学年主任が"絶対的存在"となって何かを決めていくのではなく，学年主任が"ファシリテーター"となって学年のメンバーの思いを引き出したり考えをつないだりしていく必要があるのです。

ゆえに，学年主任に求められる能力は一昔前とは大きく異なっています。

例えば，以下のような能力が学年主任に求められています。

・先を見通す力　　　　　　　　　　　　　【見通し力】
・メンバーの意見をつなぐ力　　　　　　　【ファシリテート力】
・メンバーの意見を引き出す力　　　　　　【コーチング力】
・メンバーの状態を支える力　　　　　　　【カウンセリング力】
・メンバーと確かな信頼関係をつくる力　　【信頼構築力】

子どもたちに21世紀型の力が求められるように，私たち教師にも，これまでにない，これからの力として，新しい力が求められています。

本書では，これまでの私の「コーチング」「カウンセリング」，さらには現場で15年以上実践してきた実践知を余すことなく記させていただきました。

　間違いなく，これからの学年主任にとって必要な力やスキルを手にしていただけることと思います。

　どうぞ，本書をもとにしながら，新たな時代の学年経営の一助にしてください。そして，１年間という学年の時間を充実させ，同じ学年のメンバー，子どもたち，さらには学年主任であるあなたにとって素敵な学校生活を送っていただければと思っています。

　さぁ，本書をめくってみてください。
　いっしょに「これからの学年主任」について考えていきましょう。

令和６年２月

丸岡　慎弥

学年主任の仕事　年間スケジュール

　「何事も見通しが肝心」ということで，学年主任が担う仕事の年間スケジュールをここでは見ておきましょう。ぜひ，勤務校のスケジュールの参考にしてください。

月	仕事内容	ポイント
4	学年会開き 学年テーマ決定	学年の方向性を決める大切な時期。メンバーとの対話を特に重視。対話を通じて価値観を形成する。
	教材選定	子どもの実情や教師の願いに沿った教材選定を行う。
	年間カリキュラム作成	総合的な学習の時間と道徳科の教材選定を含めた年間カリキュラムの作成（確認）。
	学級開き 学習参観・学級懇談会	学級開きに向けてメンバーと高め合う。第1回の学習参観と学級懇談会で，学年として，それぞれのクラスで信頼と安心感を持ってもらえるようにする。
5	（家庭訪問）	（家庭訪問があれば）一人一人の保護者と顔合わせをし，子どもたちの保護者の様子を知る。
	春の遠足	春の遠足で楽しみと安全を大切にする。メンバー間の連携も大切に。
6	土曜参観	土曜参観では，保護者に学習に入ってもらえるような内容も検討。
	プール開き	プール指導で，メンバーと役割分担を確認する。

7	個人懇談会 成績作成	学年団として初めての個人懇談会＆成績作成。慎重に検討を重ねて挑むようにする。
8	2学期に向けて（運動会・学習発表会など）	長期休業中に，大きな行事のことをしっかり話し合っておく。
9	学習参観	子どもたちの1学期からの成長を見ていただく機会にする。
10	運動会 秋の遠足	運動会では学年の取り組みのプロセスを見てもらえるようにする。決して成果のみを求めない。
11	学習発表会（作品展）	運動会と同じくプロセスを見てもらえるような工夫をする。作品のみならず作品をつくる過程や思いも見てもらう。
12	個人懇談会	担当学年で最後の面談となる。
1	避難訓練（引き渡し）	
2	学習参観 （学年別学習発表会）	1年間の子どもの成長の姿を見てもらえるような取り組みにする。
3	修了式 学級じまい 学年じまい	1年間の学年の振り返りを忘れずに行う。

CONTENTS

Chapter 1

学年主任生活スタート！
学年主任っていったいどんな人？

これでバッチリ！
学年主任　365日の全仕事

新年度準備

日常的な学年経営

こうすればうまくいく!! 学年会のスキルとマインド

Chapter 3

デキる学年主任になる！
学年主任の完璧仕事術

Chapter 4

押さえておきたい！
学年主任としての心構え

おわりに

Chapter 1

学年主任生活スタート！
学年主任って
いったいどんな人？

学年全体の
方向付けをする

学校という場だからこそ大切なこととは

　子どもたちと過ごす学校での教育活動は，大海原に出る航海のようなもの。人と人とがつくりだす空間だからこそ，不確実性も高まることが特徴です。では，そんな学校で大切なこととは何なのでしょうか。

1年間の学年経営，成功のコツ

　学年として過ごす1年間。この「学年経営」がうまくいくかどうかは，

> 学年全体の方向付けをするかどうか

にかかっています。

　「まぁ何とかなるよ」「とにかく楽しむことだよね」といったような，無計画・抽象的な考えだけで1年間をスタートしてしまうと，1年の途中で必ず立ちいかなくなってしまいます。

　そうではなく，

> どのような子どもたちを育てたいのか
> どのような学年にしていきたいのか

といったことを話し込むことこそが，1年の大きな一歩となるのです。

学年全体を
デザインする

「デザイン」が必要

　前項で紹介した「方向付け」と同様に，「デザイン」が必要です。デザインとは，学年が進みたい方向に進む具体的な戦略のこと。では，戦略はどのようにして生み出すとよいのでしょうか。

学年主任が努力するべきことは

　学年が進みたい方向に進むための戦略を立てる。
　そのために絶対に欠かせないことは，

知る

ということです。では，何を知るのかというと……

- ・子どもたちの実態
- ・学年の先生たちのキャラクターや強み
- ・学年の先生たちが抱えている悩み（仕事上・プライベート含む）
- ・学年のカリキュラム
- ・学校が目指そうとしている姿

などがあげられます。具体的には Chapter 2 でお伝えしていきますが，「知る」という努力が学年主任には求められることを押さえておきましょう。

学年の
ステークホルダーを
活かす

学年主任は「活かす」ことが仕事

　「学年主任になったんだから，あれもして，これもして……」「やることがいっぱいで大変……」と思ってしまうかもしれませんが，その考えは間違っています。学年主任に求められる仕事は，人を「活かす」ことです。

ステークホルダーを活かす

　タイトルにある「ステークホルダー」とはいったい何でしょうか。直訳すれば「利害関係者」ですが，学校におけるステークホルダーとは……

> 学年の先生，子どもたち，他の学年の先生や管理職，保護者，地域の人，学校や学校の先生とつながりのある人たち，ゲストティーチャー……

のことを指します。

　学習指導要領では「社会に開かれた教育課程」が位置付けられています。これは，教育課程，つまり学校の教育活動を，学校の中にいる者だけで実施するのではなく，学校外の人たちも巻き込みながら，いっしょに教育をつくっていきましょう，という意味なのです。

　学年主任は，決して一人で仕事を抱えてはいけません。

　それは「学年主任が大変だから……」ということではなく，学年全体が良いものになっていかないからです。もし，何か仕事が生まれたら「この仕事でだれを活かすことができるかな……」と考えてみてください。

管理職との
調整役を担う

学年主任だからこそできる仕事

とはいえ，学年主任だからこそできる……という仕事も，もちろん存在します。その中の一つが「管理職との調整役を担う」ということです。これは，学年主任として，とても大切なことです。

「学年」という単位で相談できる

例えば，同じ学年のある若い先生の教室がうまく回らなくなってきたとします。

そんなときは，学年としてのサポートをすることはもちろん必要なのですが，学年主任やその他のクラスの先生にも自分の学級が存在し，十分なサポートをすることができないことも事実でしょう。

では，どうするのか。

そんなときに，学年主任の「管理職との調整役を担う」という役割が活きてきます。

うまく回っていない若い先生に「自分で何とかしなさい」「自分で助けを求めなさい」などと言えるはずがありません（もちろん，その先生の経験年数がどれだけ豊富であっても同じでしょう）。

ここで，学年主任の出番です。学年主任は，個人としてではなく**「学年として」という言葉を使って管理職に相談する**ことができます。個人ではなく**学年の総意として**ヘルプを求めることができるのです。

学年主任だからこそできることを知っておきましょう。

学年の学習環境を整える

大きな影響を与える学習環境

「学習環境」は，子どもたちにも先生たちにも大きな影響を与えます。そんな学習環境をどのようにして整えていくか，学年の先生たちと相談しながら決めていきます。

アフォーダンスを知る

「アフォーダンス」という考え方があります。

アフォーダンスとは「環境の様々な要素が人や動物に影響を与え感情や動作が生まれること」であり，アメリカの知覚心理学者ジェームズ・J・ギブソンによる造語です。

例えば，私たちはドアノブを見れば，特に意識をせずに，それをひねったり押したり下げたりしてドアを開けることができます（もちろん，私たちの経験からくる判断もありますが）。つまり，ドアノブを「ひねる・押す・下げる」などのメッセージを，ドアノブから受け取り，行動に移しているといえるのです。

それは，学校でも当てはまることです。机と椅子があれば「ここに座るんだな」というメッセージが生まれますし，教科書が配付されれば「これを使って1年間勉強するんだ」というメッセージが生まれます。

つまり，**子どもたちの学習環境をどのようにしてつくっていくかが，学年経営に大きく関わってくる**ということです。子どもたちのためにどのような学習環境をつくりたいのか，ぜひ，学年の先生と話してみましょう。

学年の先生の
1年間を預かる

大げさではなく……

　学年のメンバーは，1年間変わることは基本的にはありません。大げさに聞こえるかもしれませんが，「学年主任は学年メンバーの1年間を預かっている」ともいえるのです。

ある若い先生たちの会話

　ある日の職員室で，若い先生同士でこんな話題があがっていました。

> 「学年主任はだれがおすすめ？」
> 「○○先生がいいよ!!　すごくていねいに仕事を教えてくれる」
> 「○○先生は，すごくやさしい。困ったらいつでも話を聞いてくれるよ」
> 「○○先生は，いつも仕事が早いから，残業が少なくていいんだよね」

　この会話を聞いて，どんなことを感じますか。
　この会話は，つまり

> 学年主任は若い先生に（良い意味で）評価されている

ということです。それは，学校現場特有である「だれと組むかで1年間が大きく影響される」という要素を持ち合わせているからこそ。
　学年主任として，そのことを忘れてはいけません。

学年の先生と共に成長する

学年主任だからこそ「共に育つ」意識を

　学年主任だからといってすべてを完璧にこなすことはできませんし，その必要もありません。学年主任として，学年でのリーダーシップを発揮すると同時に「共に育つ」という意識を持つようにしましょう。

共に育つ学年となるために

　学年のメンバーとは，学校において，どのような存在といえるでしょうか。それは，

> その1年で最も対話をするメンバー

といえるでしょう。

　子どもたちに指導するうえで欠かせないカリキュラム，学校行事，そして研究授業など……。どんなことも，まず相談するのは学年のメンバーです。

　だからこそ，学年主任として「どう思う？」と聞くことが多くの場面であるでしょうし，メンバーの考えや意見・思いを聞いて「なるほど」と思う場面も決して少なくありません。

　いつもメンバーの声を「聞く」という習慣を身に付けておくと，学年主任には一番情報が集まります。メンバーの意見を聞けば聞くほど，情報が入ってきます。そして，対話を繰り返すうちに，「共に育つ」学年が育っていくのです。

Chapter 2

これでバッチリ！
学年主任
365日の全仕事

学年テーマを
設定する

テーマに徹底的にこだわる

　学年テーマは，1年間の学年経営に大きな影響を与える重要な要素です。学年の先生方とじっくりと対話をし，慎重に生み出すようにしましょう。また，テーマ設定のプロセスもとても重要になります。

ある年のテーマ設定までの道のり

　ある年，5年生を担当することになりました。私と，採用2年目で学級担任を初めて受け持つ先生の2人で学年を組むことが決まりました。

　いっしょに仕事をするメンバーが，初めて学級担任を受け持つからこそ，「学年テーマ」の作成に徹底的にこだわりました。

　なぜなら，「学年テーマ」がはっきりしていると，

> それぞれの担任が指導の方針や授業づくりに困ったときに，いつでも立ち返ることができる

からです。

　では，どのようにして学年テーマを考えていったのかというと……

- ・5年生という高学年の仲間入りを果たした子どもたちにふさわしいテーマは何だろうか
- ・この子どもたち特有のテーマとはいったい何だろうか

> ・5年生のカリキュラムに合ったテーマとはいったい何だろうか

このように

> ・学年の特質
> ・子どもたちの実態
> ・カリキュラムの実態

を分析することで，その学年に最も適したテーマを考え抜いたのです。もちろん，いっしょに仕事をする先生にも「こんな風に考えてきたんだけど，どう思うかな？」と投げかけることも忘れませんでした。学年主任が独断でつくったものなど，1年間，大切にできるわけがありません。「学年でつくる」というプロセスがあるからこそ，テーマが大切にされるのです。

そうして生まれたテーマが

> 支え合い

でした。「学校を支える存在に」「仲間を支える存在に」，そんな思いを込めて作成しました。カリキュラムとの相性もばっちりでした。

そして，その年は，道徳科を核としながら「支え合い」をキーワードに，あらゆることに取り組んだ1年となったのです。価値観がブレないことで，指導もブレずに進めることができました。

POINT!

・学年テーマにこだわろう。
・「学年の特質」「子どもたちの実態」「カリキュラムの実態」にこだわろう。
・テーマを設定するプロセスを大切にしよう。

学年の共通言語を生み出す

テーマあっての共通言語

確かな学年テーマが設定されたら，その後は，そのテーマに基づいて学年メンバーの対話が繰り広げられていきます。すると，そのテーマのもとで，そのメンバーで話すからこそ生まれる「共通言語」が生まれていきます。

「共通言語」を生み出そう

学年における「共通言語」とは，いったい何なのでしょうか。

学年における共通言語とは，

> 子どもたちの姿や，先生が子どもたちを指導する場面が想像できるような言葉

というように私は捉えています。

例えば「協働学習」という言葉で考えてみましょう。通常の「協働学習」という言葉からは，「子どもたち同士で学び合う」「わからないことは教え合う」などのイメージがわいてくるのではないでしょうか。

一方で，子どもたちや学年，カリキュラムの実態について分析したことをもとに対話を積み重ねて生まれた「協働学習」という言葉となると，何が変わると思いますか。

例えば，前項で紹介した「支え合い」をキーワードに学年経営を進めたと

きにも，「協働学習」に近い言葉（つまり「教え合い」「学び合い」という言葉）が実際に生まれました。

　一般的な意味合いと，私たちが生み出した意味合いがどのように変わっていくのかというと……

- 「教え合う」「学び合う」という言葉は，学年経営・学級経営を進めるうえでも重要な意味合いを含んでいる。
- 教室には多様な子どもたちがいる。もちろん，集団生活の中で指導する場面もあるが，子どもたち同士の関わり合いの中で，どのように支え合うのかが，大きなポイントとなる。そのためにも，日ごろからの学習中の関わり合いが欠かせない。
- 多様な子どもたちが教室にいるのであれば，「お互いを理解し合うこと」「他者との違いを認め合うこと」が前提となる。そうであれば，学校生活の中で一番長く過ごす「授業」という時間で，どれだけコミュニケーションをとれるかが重要となる。

　「協働学習」，すなわち「教え合い」「学び合い」という言葉の中にも，ここまでの意味合いを持たせて対話をするのが「共通言語をつくる」ということなのです。

　共通言語は，学年のテーマについて対話を重ねることで，生み出すことが可能です。逆をいうと，学年テーマについての話し合いをしなければ，このような共通言語が生まれることはありません。学年で何を大切にしたいのかを明確化することは，すぐれた学年経営には欠かせないことなのです。

POINT!

- 自分たちなりの「共通言語」を生み出そう。
- 自分たちにとっての「○○（協働学習など）」はどのような意味合いなのかを語れるようにしよう。

カリキュラムを把握する

学年主任こそカリキュラムの把握を

「カリキュラムの把握って，教務主任の仕事じゃないの？」と思われるかもしれませんが，決してそうではありません。学年主任は，自分の学年のカリキュラムの把握に対して努力する必要があります。

カリキュラムとは学びの地図である

「カリキュラム」とはいったい何なのでしょうか。

カリキュラムという言葉の学術的な定義や学習指導要領での定義もありますが，ここでは，現場で子どもたちや先生方と日々教育をつくっている私たち，という目線で考えてみようと思います。

私は，カリキュラムを次のように考えています。

（子どもたちや私たちにとっての）学びの地図

---

p.22で紹介したように，学年テーマの設定が，学年の1年間を大きく左右します。

学年テーマを設定すれば，大切にしたい価値が生まれ，どのような学習を大切にしたいかが決まってきます（例えば「支え合い」であれば，理科での「自然も支え合っている」という学習や，国語の物語教材，そして道徳科の「友情，信頼」などの内容項目に関する教材など）。

では，それらの学習はいつ行われるのか，時期を移動することは可能なのか，さらには，学校行事などとどのように関連するのか，そのようなことを一目見て把握できるカリキュラム表を持ち合わせ，いつも確認できるようにしておくことが，とても重要なのです。

　これが，学びの地図を持つ，ということです。

　そのためには「受け持っている学年だけのカリキュラム表」があるとよいでしょう（次ページのようなイメージです）。

POINT!

・学年主任こそ，学年のカリキュラムを把握しよう。

・カリキュラムは学びの地図と捉えよう。

・自分の学年だけのカリキュラム表を持っておこう。

令和×年度　△△市立○○小学校　第5学年　年間指導計画

月／教科	4	5	6	7	8・9	10
国語	この言葉、あなたならどう考える① 事実と考えを区別しよう② 人物の思いを音読で伝えよう④ だいじょうぶ だいじょうぶ 図書館へ行こう②	筆者の伝えたいことをまとめよう⑦ 動物たちが教えてくれる海の中のくらし 漢字の成り立ち③ 知りたいことを聞き出そう③	環境問題について報告しよう⑦ 山場で起こる変化について考えよう 世界でいちばんやかましい音 文の組み立てをとらえよう③	書き手の意図を考えよう⑥ 新聞記事を読み比べよう 本は友達②	詩を読もう② 紙風船/水のこころ 問題を解決するために話し合おう⑤ 敬語の使い方②	物語のおもしろさを解説しよう⑧ 注文の多い料理店 古文に親しむ③ 和の文化について調べよう⑤ 和の文化を受けついぐ──和菓子
社会	わたしたちの国土（オリエンテーション）① 世界の中の国土④ 国土の地形の特色③	低い土地のくらし⑤ 高い土地のくらし⑤ 国土の気候の特色⑥		米づくりのさかんな地域⑧	水産業のさかんな地域⑦ これからの食料生産とわたしたち⑥	わたしたちの生活と工業生産① くらしを支える工業生産④ 自動車をつくる工業⑦
算数	整数と小数④ 体積⑨	比例② 小数のかけ算⑪	小数のわり算⑭ 合同な図形⑪	わくわく算数ひろば⑥	整数⑧ 分数(1)⑨	図を使って考えよう② 面積⑬
理科	自然を読みとく① 受けつがれる生命(1)(2)② ○花のつくり 受けつがれる生命(2)③ 1. 植物の発芽と成長		受けつがれる生命(3)⑦ 2. メダカのたんじょう 受けつがれる生命(4)⑥ 3. ヒトのたんじょう	天気の変化(1)③ ○台風と気象情報 自由研究⑦	受けつがれる生命(5)⑧ 4. 花から実へ	これまでの学習をつなげよう① 天気の変化(2)⑦ 5. 雲と天気の変化 6. 流れる水のはたらき⑪
音楽	巻頭② 音の力 Believe ○ゆたかな歌声をひびかせよう① すてきな一歩 ○こいのぼり	2.いろいろな音のひびきを味わおう ○きな音楽 いつでもあの海は リズンおどり（ラ バンバ）♪アイネ クライネ ナハトムジーク 第1楽章 ♪双頭のわしの旗の下に ☆リズムを選んでアンサンブル			3.和音の美しさを味わおう④ 静かにねむれ こぎよ マイケル (Michael,row the boat ashore)	4、曲想を味わおう⑦ ♪風雲曲 第1番 まっかな秋 キリマンジャロ
図画工作	平和ポスターづくり		切り絵		大阪城のある風景	
家庭	これまでの学習を家庭科につなげよう（ガイダンス）① 1 家族の生活再発見① 2 クッキングはじめの一歩④	ソーイングはじめの一歩⑨	整理・整とんで快適に④	5、できるよ、家庭の仕事②	6 ミシンでソーイング⑨	7 食べて元気に⑪
体育	体つくりの運動 短距離走	スポーツテスト	水泳		団体演技 棒引き リレー	ソフトバレーボール
外国語	Let's Start② Unit 1 Hello, everyone.⑥	Unit 2 When is your birthday?	Unit 3 What do you have on Monday?⑧	Review 世界の友達③（オーストラリア、フランス）	Unit 4 What time do you get up?⑧	Unit 5 He can run fast. She can do kendama.④ Unit 6 I want to go to Italy.⑧
道徳	マンガ家、手塚治虫【個性の伸長】○太く長い学びよ【よりよく生きる喜び】やさしいワウちゃん【親切、思いやり】	名前のない手紙【公正、公平、社会正義】「命」【生命の尊さ】文字観【規則の尊重】	ヘレンと共に─アニー・サリバン─【希望と勇気、努力と強い意志】占いパケツ【友情、信頼】ソフトボールに感謝を─一球野球のチーム─【郷土の愛】森の給食【よりよい学校生活、集団生活の充実】	ひとふみ十年【自然愛護】知らない間のできごと【友情、信頼】ぼくたちの夏休み─自由研究【善悪の判断、自律、自由と責任】	真由、班長になる【よりよい学校生活、集団生活の充実】天から送られた手紙【真理の探究】失礼しようぜ【真理、信頼】家族のために【家族愛、家庭生活の充実】	住みよいマンション【規則の尊重】美しい夢─甲州ブドウ【伝統と文化の尊重、国や郷土を愛する態度】希望の歌【伝統と文化の尊重、国や郷土を愛する態度】札幌、和太鼓探り【伝統と文化の尊重、国や郷土を愛する態度】【感動、畏敬の念】
総合	支え合っていこう？ （4月：学級目標について考えよう）					町の人たちの思いについて考えよう
特別活動	入学式・始業式 発育測定・視力検査 1年生を迎える会 委員会編成 認証式 クラブ編成	委員会活動 学級写真 スマイル班活動 歯科検診 耳鼻科検診 校外生活指導 スポーツテスト すくすくテスト 読書週間 家庭訪問 いじめについて考える日	修学旅行 ボランティア週間 スマイル班活動 避難訓練 クラブ活動 校外生活指導	委員会 スマイル班活動 クラブ活動 着衣水泳 林間学習	始業式 発育測定 委員会 運動会	全校遠足 スマイル班活動 就学時健康診断 あいさつボランティア 美化ボランティア 委員会活動 クラブ活動

オリンピック
夏休み

11	12	1	2	3
伝えたい、心に残る言葉⑤ 和語、漢語、外来語② 朗読で表現しよう⑧ 大造じいさんとがん	反対の立場を考えて意見文を書こう⑤ 友達といっしょに、本をしょうかいしよう②	古文のえがく四季② 心が動いたことを三十一音で表そう④ 熟語を使おう② テクノロジーの進歩について考えよう⑦ 「弱いロボット」だからできること	資料を見て考えたことを話そう⑤ 日本語と外国語④ 伝記を読んで感想文を書こう⑦ 手塚治虫	「わたしの文章見本帳」を作ろう④
工業生産を支える輸送と貿易⑤ これからの工業生産とわたしたち⑤	情報化した社会と産業の発展① 情報産業とわたしたちのくらし⑥	情報を生かす産業⑤ 情報を生かすわたしたち④	わたしたちの生活と環境① 自然災害を防ぐ⑤ わたしたちの生活と森林④	環境を守るわたしたち⑤
平均とその利用⑥ 単位量あたりの大きさ⑥ 分数(2)⑤	割合⑨ 表を使って考えよう(1)② くわく算数ひろば②	円と正多角形⑦ 割合のグラフ⑥	角柱と円柱⑥ 速さ⑧ 変わり方③	表を使って考えよう(2)② わくわく算数ひろば③
みんなで使う理科室① 7. ふりこのきまり⑥		8. もののとけ方⑯	9. 電流と電磁石⑫	
	5.詩と音楽を味わおう④ ♪山田耕筰の歌曲（待ちぼうけ／赤とんぼ／この道）◎冬げしき ◎スキーの歌	6.日本と世界の音楽に親しもう⑤ ♪春の海 ◎子もり歌 ☆音階で旋律づくり ◎声による世界の国々の音楽	7.心をこめて表現しよう⑤ 小さな島の小さな夢 失われた歌 大空がむかえる朝／ほたるの光 海／ちいさい秋みつけた	
夢に向かって！～12年後の私～		コラージュ		作品のまとめ
		8 生活を支えるお金と物⑥ 9 暖かく快適に過ごす着方⑦	10 暖かく快適に過ごす住まい方③	11 いっしょにほっとタイム②
ハードル走	とび箱	バスケットボール なわとび	なわとび バスケットボール	サッカー ダブルダッチ
	Unit 7 What would you like?⑥	Unit 8 Where is the gym?⑧	Unit 9 My hero is my brother ⑧	Review 世界の友達3 （中国、イギリス）①
折れたタワー【相互理解、寛容】のリブけられた詩【正直、誠実】くずれ落ちただんボール【親切、思いやり】すれちがい【相互理解、寛容】	流行おくれ【節度、節制】うばわれた自由【善悪の判断、自律、自由と責任】ながりって……【節度、節制】	「太陽のようなおお」が命をつなぐ【生命の尊さ】父の仕事【勤労、公共の精神】命の種を植えたい～緒方洪庵～【生命の尊さ】	サタデーグループ【勤労、公共の精神】これって不公平？【公正、公平、社会正義】ペルーは泣いている【国際理解、国際親善】	マインツからの便り【国際理解、国際親善】かぜのでんわ【よりよく生きる喜び】ふくらんだリュックサック【規則の尊重】
	6年生に感謝と感動を届けよう			
作品展 あいさつ週間 読書週間 クラブ活動 委員会活動	校外生活班会・集団下校 終業式 クラブ活動 委員会活動	始業式 発育測定 スマイル班活動／引き渡し訓練あいさつボランティア 美化ボランティア スマイル班大会クラブ活動 委員会活動	クラブ活動見学会 創立記念日 スマイル班活動 卒業遠足 学習参観（最終） 卒業お祝い会 お別れの会：クラブ活動・委員会活動（最終）	校外生活班会 卒業式

子どもたちの実態を把握する

子どもたちの実態把握あってこそ

いうまでもないことですが,「子どもたちの実態把握」は学年経営の肝といえます。どのような子どもたちと1年間,共に教室や学年をつくっていくのか,しっかり判断するようにしましょう。

子どもたちの実態をどのように把握するか

子どもたちの実態把握。これを抜きにして教育は成立しません。自分たちは,どのような子どもたちと教室や学年をつくっていくのか,どのような特徴を持った子どもたちなのか,そんなことをできるだけ把握する努力をしましょう。把握すべき子どもの実態は,ざっとあげるだけでも以下のようなものがあります。

- ・学力はどうか
- ・人間関係はどうか
- ・自分のことをどれだけ自分できちんとできるのか
- ・どれだけ見通しを持って行動することができるか
- ・障がいやアレルギーの有無も含め,どのような個性を持っているのか
- ・集団としての性格はどうか(動的か,静的か)
- ・保護者の方の特徴はどうか
- ・これまでにどのような教育を積み上げてきたのか

このような視点を持って子どもたちを把握するように努めましょう。

　では，どのようにして実態をつかんでいくのか。大きく二つあります。

・人から聞く

・資料（データ）を読む

　この二つがメインとなりますが，まずは「人」を大切にしましょう。前年度受け持ってくださっていた先生，保健室の先生，管理職の先生，栄養担当の先生など，校内にはいろいろな先生がいらっしゃいます。できるだけ多方面からの情報を手に入れるようにし，見方が偏らないように気を付けていきます。

　さらに，このような情報を集める行為そのものが，学年主任として多方面の先生たちとのコミュニケーションづくりへとつながっていきます。「今年の◯年生の学年主任は，いろいろ話ができていいな」と感じられるような信頼関係づくりも，とても大切です。

　さらに，資料にもできるだけ目を通しましょう。自治体などで取り組んでいる共有テストや生活指導案件がまとめられた資料があれば，ぜひ目を通しておくことをおすすめします。特に生活指導案件の資料は，「低学年のときに保護者の方同士がもめてしまったので，絶対にクラスをいっしょにしてはいけない」といった引継ぎがあることもあります（そのようなことを実際にどこまで配慮するかは別ですが，目を通しておく必要はあるでしょう）。

　学年主任として，できるだけ子どもたちを知ろうとする，その姿勢が大切なのです。

POINT!

・子どもたちを知ることから学年の教育をスタートさせよう。

・多方面から子どもたちの実態を知るようにしよう。

・子どもたちに関する資料もできるだけ目を通すようにしよう。

学年メンバーの
個性を把握する

一人一人が構成する集団こそ「学年」

「学年」といっても「○年生」といっても，同じ学年というものは一つも存在しません。それは，個性を持った先生一人一人が構成する集団こそが学年だからです。

個性が発揮されるからこそパフォーマンスが向上する

学年主任を受け持ったときに，「○年生の学年経営はどうすればいいのだろう」といった問いが生まれることでしょう。

もちろん，その学年特有の学年経営というものは確かに存在します。私が以前勤めていた自治体や学校であれば，次のような原則（中心となるイベント）がありました。

1年生……入学式

2年生……大きくなったよ（生活科での学習発表会）

3年生……初めての総合的な学習，リコーダー，習字など

4年生……多くの社会見学

5年生……自然体験教室

6年生……修学旅行，卒業式

これらのイベントを中心にしながら学年経営が進んでいくことは間違いありませんが，

> 学年の先生の個性を活かしてつくっていく

ということが大原則です（もちろん，子どもたちの個性を活かすことも○です）。

　例えば，以前勤めた学校には「ヒップホップダンス」が得意な先生がいました。この先生が受け持つ学年といえば，かっこいいダンスがいつも運動会で繰り広げられ，子どもたちからも，先生からも，保護者の方からも注目され続けていました。

　もちろん，そのような明らかに得意なこともあれば，「気が付いたら必要なプリントを用意してくれている」「いつも子どもたちにやさしく接してくれている」といった個性もあるでしょう。

　そのような個性が発揮され，活かされる学年集団をつくりましょう。それらの個性が，どのようにして学年経営として活かされていくのかを学年主任は把握し，デザインする必要があります。

　学年の先生にとって，「学年」とは，1年間の居場所そのものです。その居場所で当たり前に「自分」として居ることができるかどうかは，仕事の満足度やその先生自身のパフォーマンスに本当に大きく関わってくることなのです。

　それぞれの先生の個性が発揮されるかどうか，学年に活かされるかどうかは，まず学年主任がメンバーの個性を知ろうとすることから。一人一人の個性に目を向けるようにして，1年のスタートを切るようにしましょう。

POINT!

・これまでと同じ学年でも，真に「同じ学年」はないと心得よう。
・個性の発揮は仕事の満足度やパフォーマンスにつながると知ろう。
・メンバーの個性発揮は，学年主任が知ろうとすることから始めよう。

まずは
心理的安全性を高める

学級開きも学年発表も同じ

　子どもたちとの出会いで最も配慮することは,「このクラスで良かった」という安心感を持たせることでしょう。それは,大人である学年団でも全く変わりはありません。

学年発表の日にどう思ってもらうか

　まだ若かりしころ。

　4月の初めての勤務日は,いつも緊張して学校に出勤していました。

「今年はどの学年に配属されるのだろう」

「あの学年だったらA先生といっしょに組むのかな。いや,B先生だろうか」

　年齢を重ね,学校運営に携わるようになってから,だんだんとそのような意識はなくなっていってしまいましたが,「どの学年なのか」「だれといっしょに学年を組むのか」は年度末・年度はじめの最大の関心ごとでありました。(年度末の先生たちとの飲み会では,よくその話題でもちきりに……。中には「マイ付箋」を持ち込んで,どのような学年メンバーになるのか予想していた人もいました)

　なぜ,このようなことが話題となるのでしょうか。

　それは,ここまでにも述べてきた通り,

> だれといっしょの学年になるかで1年が決まる

といっても過言ではないからです。

　事実，私も，仕事の経験を重ねる中で「どの学年かよりも，だれといっしょに組むのかの方が大切だ」と思考が切り替わっていきました。学年メンバーは，日々，いっしょに仕事をする仲間であり，関係の密度が圧倒的に濃くなるからです。

　先生方がそう考えているということを踏まえて，では，学年主任として，どのような学年経営を考えたらよいでしょうか。それは，初日に

> この学年主任で良かった

と思ってもらうことです。そういった「心理的安全性」を高めることが何より重要です。

　私は，初日に学年メンバーに大きく分けて次の二点を話していました。

> ・みなさん，それぞれ事情を抱えていることと思います。自分の生活を充実させることが仕事を充実させます。定時出勤・定時退勤を基本にしましょう。また，休むときには，遠慮せずに伝え合いましょう。
> ・いっしょに勉強していきましょう。完成された教育は存在しません。１年間，子どもたちの成長のことを考え，いっしょに教育をつくっていきましょう。

　仕事と私生活の両方の充実につなげたいという意識を伝えることが，メンバーの安心を得ることにつながります。

POINT!

・だれと組むかは，たくさんの人の関心ごとであると心得よう。
・「この学年主任でよかった」と初日に思ってもらえるようにしよう。
・仕事と私生活の両輪を大切にすることを伝えよう。

教育観について語り合う

学年での語り合いを大切に

　「教育観について語り合う」といったことは，教師という仕事をしているみなさんであれば，よく行っていることなのではないでしょうか。その中でも「学年団での語り合い」は，とても大切な機会です。

目の前の子どもを土台にして語り合える学年

　私は現在，たくさんの方々と教育について語り合う機会を持たせていただいています。

> ・学習会や校内研修会で出会った先生たちと
> ・同じく実践を志す仲間と
> ・（修士課程在籍時に）大学院生同士で
> ・大学の先生と

　どの先生たちとも，どのような場でも教育について語り合うことで，自分の知見や考えを広げていただいている大切なつながりです。
　ただ，どうしても「学年団」以外の先生と行いにくいのが，

> 目の前の子どもたちを土台にして語り合う

ということです。

「目の前の子ども」と一口にいっても，実はたくさんの要素を秘めています。

- 名前
- キャラクター
- 学力の程度
- 人間関係
- その学校のカリキュラムや学習環境

　その他にも，たくさんの要素が秘められていることでしょう。私たちは，目の前の子どもたちへの教育をより良くしていこうと，教育について語り合っていますが，実際に，毎日，目の前にしている子どもたちのことを語り合えるのは，学年のメンバーだからこそなのです。日々，同じ空間で過ごす学年メンバーだからこそ，子どもを知り，状況を知っているからこそ，子どもを土台として語り合うことができるのです。

　だからこそ，「学年の先生たちとの教育の語り合い」を大切にしましょう。その子たちの教育という限定的な，特化された議論ができるのはもちろんのこと，先生たちのキャラクターもよりはっきりと見えるようになるでしょう。

　ある学校に勤めていたときには，職員室から教室に向かう数分の時間をいつも「語り合い」の時間に使っていました。語り合いは，時に理想の出し合いになります。理想が生まれるからこそ，目の前の子どもたちの教育の質を上げていくことができる。私はそのように思っています。

POINT!

- 学年メンバーだからこそ目の前の子どもについて語り合えることを知ろう。
- 語り合うことで先生のキャラクターを知れる面もあることを押さえよう。
- 語り合いが目の前の子どもたちへの教育を良くしていくことを知ろう。

1年間の行事を把握する

行事指導は学年主任の腕の見せどころ

　学年にとって「学校行事」は，とても大切なポイントとなります。その行事をどのように捉え，どのように活かしていくかが，学年主任の腕の見せどころです。

学校行事の目的を押さえる

　みなさんは，学年主任として「学校行事」をどのように捉えているでしょうか。

- 教科の授業を振り替えてたくさん時間をとらなければいけない。
- 遅くまで残業をして行事の準備をしなければいけない。
- 子どもたちへの指導も徹底しなければいけない。どうしても，こちらからの強い指導が増えてしまっていやだ。

　もしかすると，このように思っている方もいるかもしれません。

　しかし，このような学校行事は間違いなく失敗であり，先生たちにとっても，子どもたちにとってもより良い成長につながっているとはいえません。

　では，どのような学校行事にしていくと「より良い」といえるのでしょうか。運動会の表現活動を例に考えてみましょう。大切なポイントは二点あります。

●運動会を通してどのような子どもたちの力（資質・能力）を育てたいのかを考える

　運動会という行事を通じて育てたい子どもたちの姿を考えます。友だちと協力する力，自分自身で練習を進めていく力，うまくいかなかったときに友だち同士で話し合ったり自分の考えをアップデートしたりして課題を乗り越えていく力，運動会までを見通して自分たちで練習に取り組む力，など「行事を通じて何を育てたいのか」を明確にすることが大切です。

●前後の指導を明確にする

　2020年から小・中・高等学校で「キャリア・パスポート」が導入されましたが，運動会の前後の指導を工夫する必要があります。また，学習指導要領には「教科等横断的な学び」という言葉があります。運動会を核にしながら，どのように教科の学習をつないでいくかが大切になるのです。例えば，国語科で「話すこと・聞くこと」の単元があれば，実際の運動会に向けた話し合い活動を設定してみる，道徳科で努力や友情に関する教材を設定してみる，図画工作科で運動会に関する絵画を描いてみるなどです。このように行事と教科をつないでいくことで，学びの関連性を生み出すことができます。

　この二点を大切にすると，事前の学年の話し合いが充実します。さらには「行事自体が目的ではなく，行事を通した子どもの成長が目的である」ということを共有することができます。

　すると，むやみな行事の取り組みではなく，意図的な取り組みに変えることができるのです。

POINT!

・行事指導の失敗例を押さえておこう。

・「育てたい子ども像」「教科等横断的な学び」を大切にしよう。

・意図がある行事指導に変えていこう。

1年間のイメージを共有する

見通しがないことで起こる不安

1年間のイメージがないということは，出口の見えないトンネルを進んでいるようなものであり，先行きに大きな不安を抱えます。また，地図のないドライブをするようなものでもあり，迷走してしまいます。

二つの見通しを持つ

1年間の見通しを共有するということは，いったいどういうことなのか。まずは，そこから考えましょう。

私は，見通しとは二つあると思っています。

・計画の見通し

・状態の見通し

まずは「計画の見通し」からです。これは，その名の通り「計画を共有しておく」ということです。例えば，

4月……学級開き，第1回学習参観

5月……社会見学，（家庭訪問），春の遠足

6月……プール開き，土曜参観

7月……成績作成，個人懇談会

10月……運動会，秋の遠足

11月……社会見学，学習発表会

12月……個人懇談会

1月……引き渡し訓練

2月……学習参観（学級内での学習発表会）

3月……学級じまい

といった具合です（あくまでもざっくりとです）。このような計画を4月のはじめに共有しておくことで，メンバーも見通しを持って子どもたちの指導や自分の仕事に取り組むことができます。仕事の質やスピードを高めるためには，まず仕事の見通しを持たなければいけません。このような計画は，必ず共有しておきましょう。

さらに，もう一つ付け加えたいのが「状態」の見通しです。

私たちは（当然ですが）ロボットではありません。身体も心も，調子が良いときと良くないときがあるのです。

では，それらの見通しを持つことはできないのか，というとそういうわけではありません。「4月は新しい1年の始まりでやる気がある」「その後の5月は，疲れが出てしまい，ちょっと状態が下がる」など「大きなイベントの後にはちょっと下がる」と考えておくと，子どもたちや先生の状態の見通しも持つことは可能になります。

感情や状態の見通しも，学年主任として持ち合わせておきましょう。

POINT!

・「計画」「状態」の二つの見通しがあることを知っておこう。

・計画の見通しを持って主体的に仕事に取りかかろう。

・計画だけでなく状態の見通しも持っておこう。

学年メンバーに
仕事を割り振る

学年主任は仕事を采配する

　「学年主任は自分でやる仕事が多くて忙しい」というイメージを持っては
いけません。学年主任は，あくまでも「学年の仕事を采配する立ち位置」に
あり，自分だけがどんどん仕事を進めていくのではないのです。

マズローの欲求5段階を活用してみる

　「より良い学年主任は仕事の振り分け上手」，そのように私は思っています。
　「学年主任をよろしく頼みます」という言葉を管理職の先生から聞いたと
きには，「忙しくなるな」「残業が増えるかもしれないな」と思ったかもしれ
ません。
　しかし，それは間違った認識です。学年主任は仕事の把握はするものの，
そのすべてを行うわけではないのです。
　「でも，学年主任なのに，仕事をしなくてもいいの……？」
と不安に思う方もいるかもしれません。
　そこで「マズローの欲求5段階」を見てみましょう。マズローの欲求5段
階とは，以下のようなものです。

第1段階……生理的欲求（食欲，睡眠欲，排泄欲など）

第2段階……安全欲求（安全・安心を求める欲求）

第3段階……社会的欲求（人間関係）

第4段階……承認欲求（他者から認められたい）

第5段階……自己実現欲求（やりたいことの実現）

マズローは「低次の欲求が満たされなければ，その次の欲求が満たされることはない」といいます。つまり，生理的欲求や安全欲求が満たされないことには，第3段階，第4段階に進むことはできないということです。

第1～3段階は，学年で毎日過ごすうえで，満たされていることが当たり前のように求められる（とはいえ，第3段階の人間関係は難しいところがありますが……）段階ですが，それだけでは，学年メンバーは満足しなくなってくる，つまり，働き甲斐を感じなくなってくるのです。

学年が安定しているからこそ，メンバーは「自分も仕事をして認められたい」「自分のやりたい仕事に挑戦してみたい」という気持ちを持つようになります。学年主任としては，その気持ちを把握するべきでしょう。

だからこそ，学年主任が仕事を抱えずに，どんどんと周囲に振っていくことが必要です。周囲に仕事を振れば，自分自身が落ち着いて学年を見ることができるだけでなく，仕事が完了したときには「ありがとう」という感謝の言葉を伝えることができます。それは，第4段階の「承認欲求」を満たすことにもつながりますし，その次の第5段階の欲求へも進んでいく一歩となるのです。

学年主任が仕事を振る大切さをわかっていただけたでしょうか。上手に仕事を振ることは，メンバーの自尊心を高めることにもつながるのです。

POINT!

・仕事は自分でするのではなく，学年メンバーに振ると心得よう。
・マズローの欲求5段階を活用しよう。
・上手に仕事を振ることでメンバーの自尊感情を高めよう。

1年間活用する教材を確認する

1年間を左右する教材選定

　4月の学年業務の代名詞といえば「教材選定」です。こちらは，教科書とは違い，学年が主体的に選定することができます。この選定は1年間を左右するので，慎重に選ぶようにしましょう。

教材選定で教育観を語る

　選定する教材といえば，以下のようなものが考えられます。

> ・漢字関係（漢字ドリル，漢字スキル，漢字ノート）
> ・計算関係（計算ドリル，計算スキル，計算ノート）
> ・生活科関連（ノートやファイル）
> ・植物の鉢など（低学年）
> ・社会科地域教材資料（中学年）
> ・社会科資料集（高学年）
> ・家庭科裁縫セット（高学年）

　もちろん，自治体や学校によっては，その他にもたくさんの教材を選定していることと思います。以上は，あくまでも一例として考えてください。
　では，教材を選定するうえで大切なことは何でしょうか。
　それは，やはり

といえるでしょう。教材をあれこれと探りながら「この教材は○○だね」「こっちの教材は××だね」という対話の時間を大切にするようにしましょう。それは，そのまま p.36の「教材観について語り合う」ということにもつながっていきます。

　ただし，

こっちの教材の方が，キャラクターがかわいい

などといった無意味な理由で教材を選定することは，絶対にやめるようにしましょう。こんなことを書くと「そんな人はいるのか……」という声が聞こえてきそうですが，実際に，そんな理由で選定していた学年にも出会ったことがあります。

　それは，学年主任が教育哲学を持ち合わせておらず，「この教材でこんな風に子どもたちに学んでほしい」「この教材を使うと，今年の子どもたちはこんな風に反応するだろう」といった分析が全くないままに選定するからこそ，このような事態が起こってしまうのです。

　教材選定をしながら対話をするときには，それぞれの教材の違いを比較しながら，「この教材だったら子どもたちはこんな反応をするだろう」といった予測や，「この教材ならこんな力を伸ばすことができそうだ」といった期待値を語り合うようにすることがおすすめです。

POINT!

・教材選定の機会も，学年メンバーとの対話の時間と捉えよう。
・教育哲学のない無意味な対話はやめておこう。
・教材が子どもたちにどのような影響を与えるのかについて対話しよう。

総合的な学習の時間を企画する

子どもとつながる総合的な学習

　学年主任として「総合的な学習をどのように企画するか」は，1年間を大きく左右する重要なポイントです。総合的な学習の時間を核にして，メンバーとも子どもともつながっていきましょう。

総合的な学習を学年のカリキュラムの中心に据える

　文部科学省は，総合的な学習を次のように位置付けています。

> 総合的な学習（探究）の時間は，変化の激しい社会に対応して，探究的な見方・考え方を働かせ，横断的・総合的な学習を行うことを通して，よりよく課題を解決し，自己の生き方を考えていくための資質・能力を育成することを目標にしていることから，これからの時代においてますます重要な役割を果たすものである。
>
> （文部科学省HPより）

　この文言からも，総合的な学習の時間が，子どもたちの学びのウエイトとして重きを置かれていることに気付くことができるでしょう。

　学習指導要領では，総合的な学習の時間を核としながら，教科等横断的な学習（教科と教科をつなぐ学び）や統合的な学習（総合的な学習の時間と教科をつなぐ学び）を展開していくことが求められています。

　その中で，特に注目されている学びとして「探究的な学び」があります。探究的な学びは，正解が決して一つではなく，それぞれの子どもたちが出会

った課題や疑問を解き明かしていくことが求められます。

　もちろん，教科の学習の中でも探究的な学びはあることと思いますが，それをダイナミックに行う学びが「総合的な学習の時間」だといえるでしょう。

　総合的な学習の時間のデザインは，各学校に任されています。各学校には，これまでにつくられたカリキュラムが存在するものとは思いますが，基本的には子どもたちの問題意識や課題設定によってつくられていくものです。

　総合的な学習の時間が機能し始めると，子どもたちは，本当に生き生きと学びに向かうようになっていきます。与えられた学習ではなく，自ら学びたいという思いを持って学習に取り組む姿を見せてくれます。そんな姿に驚いたことのある先生も少なくないのではないでしょうか。

　では，総合的な学習の時間をうまく活かしていくためにはどうしたらよいのでしょう。それは，学年主任が学年のメンバーと協働しながら，総合的な学習の時間をどのようにデザインするのかが重要となってきます。また，学年のメンバーと設定した「学年テーマ」と総合的な学習の時間がつながっているかどうかも大切なポイントとなるでしょう。

　ぜひ，学年のカリキュラムの核に総合的な学習の時間を据えてみてください。総合的な学習の時間を核に据え，それらに教科学習や特別活動（学級活動，学校行事，委員会活動，クラブ活動），そして特別の教科 道徳を関連させることで，学年のカリキュラムを確かなものに育てていくことができるでしょう。

POINT!

・総合的な学習の意義を押さえておこう。
・総合的な学習の時間と学年テーマを関連させてみよう。
・学年のカリキュラムの核に，総合的な学習の時間を据えてみよう。

保護者との連携について
確認する

保護者連携の基本姿勢を確認する

　学年として保護者の方とどのように連携していくのかは重要な要素です。保護者連携についても，基本的な姿勢を確認し合い，どのような意識で関わっていくのかを押さえておきましょう。

保護者の方と手を取り合うために

　突然ですが，質問です。
　「○○先生，××さんの保護者の方から連絡です」
と伝えられたら，あなたはどのような捉えをしますか。

A：何かクレームかな……。いやだな。　（マイナス思考）
B：何かあったかな。何だろう。　（フラット思考）
C：お，保護者の方と話せるチャンス！　（プラス思考）

　もちろん，どの捉え方をしても間違いなどはありません。
　しかし，一昔前に生まれた「モンスターペアレント」といった言葉から連想されるように，もしかすると，「保護者の方からの連絡は学校を攻撃するもの」といった認識は少なからずあるのではないでしょうか。
　また，学校でもよく聞かれる「保護者対応」という言葉。これらから感じることは，

> 保護者と学校が対立の構造になっている

ということです。

　保護者は学校に対してクレームをつける存在，だからこそ，保護者「対応」という言葉が生まれ，何とか攻撃から守ろう，または攻撃されないようにしようという思考が働いてしまっているのです。

　しかし，保護者の方とは，本来，そういった存在でしょうか。

　私たち教師以上に，その子のことを思い，愛情を注いでいることは間違いのないことでしょう。

　今，学習指導要領は「社会に開かれた教育課程」を謳っています。これは「学校を公開しなさい」という意味ではなく，社会といっしょに，子どもたちの教育課程をつくっていきましょうというメッセージです。

　では，だれとつくっていくのでしょうか。「社会」と書かれているくらいですから，当然，保護者もその一員になるのです。

　よって，保護者とは決して対立構造にある存在ではなく，いっしょに手を組み，子どもたちを育てていくパートナーなのです。

　そのような意識を，学年のメンバーと確認するようにしておきましょう。そうすることで，普段からの保護者の方と学年メンバーの関わりが変わってきます。

　ぜひ，新年度に学年団に向かってそんな話をしてみてください。

POINT!

・保護者との対立構造を変えていこう。

・保護者は共に子どもたちを育てるパートナーであるという意識を持とう。

・新年度に保護者の方への意識をそろえておこう。

1年間の予算を見る

「やりたい」を実現させるために

　子どもたちへの理想の教育を学年の間でいくら語ったとしても，それだけでは「やりたいこと」を実現することはできません。その実現のためには「予算」を動かす力が必要なのです。

お金に強い学年主任を目指す

　ビジネスの世界ではよく，次のようなことがいわれます。

人とお金を動かすことができるかどうか

　経営者（校長先生も含みます）だけが持つ権限としていわれる二つのことが「人」，そして「お金」なのです。

　もしかすると，本書を読まれている方の中にも「お金は卑しいもの」といった認識を持っている方がいるかもしれません。しかし，それは間違っています。

　すぐれた経営を実践するには，「人」と「お金」をうまく活用できなければ達成することはできません。

　それはなぜでしょうか。ここでは「お金」のみに特化して考えてみます。

　例えばですが，総合的な学習の時間が盛り上がっていき

　「○○さんに会いに行ってみたいなぁ」

　「××に行って現地調査をしたいなぁ」

といった思いや企画が生まれたとします。

　私たち教師としても「それいいね〜!!」「やってみよう！」と心の中では即答していますが，実際に，その言葉を発することはできません。

　なぜなら，そこにはいつも「お金」が関連してくるからです。

　「○○さんにお話が聞けるのはありがたい。しかし，講師料などが出せない……」

　「確かに××まで行けばおもしろそう。しかし，お金が出せるかどうか……」

　私たちは，しばしば，子どもたちの「やりたい!!」を，お金を理由に削減しなくてはいけないのです。

　さらに，公立小学校で扱っているお金は「税金」が大半であり（もちろん児童費などのお金もあります），機動力の高い使い方はなかなか実現できないという現状があります。

　とはいえ，いっさい自由なお金がない，というわけでもありません。

　突発的な費用が発生した場合にも，

- 学年の予備費
- 学校全体の予算（管理職の先生と相談して）

が存在することがあります。うまく話を進めることで，それらを活用することができる可能性があります。

　それらの活用の大前提として，「自分の学年の予算書」が頭に入っていることが原則です。お金に強い学年主任を目指しましょう!!

POINT!

- お金ときちんと向き合える学年主任になろう。
- お金を発生させることができる可能性のある予算を知っておこう。
- 自分の学年の予算書をいつも頭に入れておこう。

各担当の方々と 信頼関係を結んでおく

様々な方と連携する学年主任

　学年主任となれば，学年の１メンバーとは違い，一気に様々な担当箇所の方々とコミュニケーションをとる必要が生まれます。どのような方々とコミュニケーションをとるのかを理解し，積極的に動きましょう。

自分との関係図を頭に入れる

　学年主任ともなれば，実に様々な方々とコミュニケーションをとる必要が出てきます。

- 校長，教頭など管理職の先生
- 他学年の学年主任
- 予算を扱う事務職員の方
- カリキュラムや研究を担当する教務主任，研究主任
- 子どもたちの健康を守ってくださる保健室の先生
- 学校の環境を整備してくださる管理作業員の方（自治体によって呼び名は変わる）
- 給食を提供してくださる給食調理員の方

　学年主任は，このような人たちと常に連携をとりながら仕事を進めているということを忘れないでおきましょう。

　そのためには，例えば，次のような図を頭に入れておくようにします。

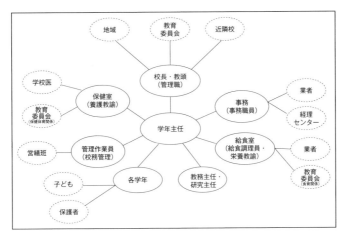

　このような図を頭に入れておくことで，「自分はいつもこれだけの人とつながっている」という意識を持つことができます。

　よく，仕事がうまくいかなくなったり，または，うまく仕事が進んだりすることの要因に

コミュニケーション

の有無がいわれます。
　「○年生の学年主任は，よくいろいろ伝えてくれるな」
　「○年生の学年主任は，あまり何も言ってこないな」
　このような形で，周囲からの評価すら決まってしまうことがあります。
　ぜひ，上記の図を頭に入れながら，日々の仕事に取り組んでみてください。

POINT!

・学年主任はいろいろな人と関係しながら仕事をしていることを知ろう。
・自分と周囲との関係図を頭に入れておこう。
・コミュニケーションが評価につながることを知っておこう。

初めての学年集会の場を
大切に準備しておく

学年集会を活かす

　学年主任の特権として，「学年集会を開くことができる」ことがあげられます。学年主任として先頭に立つ学年集会をどのようにして捉えるとよいのでしょうか。具体的にどのようなことをすればよいのかを考えてみましょう。

子どもたちとの出会いの場を大切にする

　学年主任として学年全体の前で話す機会となる学年集会。

　小学校の現場では，年に何度もあるものではありませんが，新年度の学年集会はほとんどの場合行われるものです。

　また，私が以前勤めていた自治体では，

体育館で担任発表
↓
学年ごとに移動
↓
クラス分け発表

という流れがとられていました。

　そのような流れになると，担任の先生と子どもたちとの出会いの場は「クラス分け発表」の時間となり，学年主任の先生が子どもたちの前で話をすることが，先生と子どもたちの初めての出会いの機会となるのです。

そこで，どのような雰囲気をつくるのかは，とても大切なポイントです。そのときに出す空気が，少なからず，それぞれの学級開きにも影響を与えるからです。

では，その際はどのようなことに気を付けて話をすればよいのでしょうか。

- 落ち着いた雰囲気で，話す人（このときは学年主任の先生）の声をじっくりと聞く姿勢を指導する
- 子どもたち一人一人と目線を合わせるつもりで見る
- 落ち着いてゆったりと語る

このような雰囲気づくりが大切です。初日は時間があまりないかもしれませんが，学年主任として初めて子どもたちの前で話をする貴重な時間です。その時間を大切にしましょう。

そして，子どもたちに語ることとして次のようなことを押さえましょう。

- 始業式の良かったところを伝える（校歌の声が大きかった，前に立つ先生の話をしっかり聞けていた など）
- 学年テーマについて語る
- 学年として大切にしてほしいことを語る（三つほど，できれば学年会で対話して決定しておきたい）

上記のことを大切にし，素敵な子どもたちとの出会いを果たしましょう。

POINT!

- 子どもたちとの出会いの場を大切にしよう。
- ゆったりと話をする雰囲気をつくって語り始めよう。
- 初めて子どもたちの前で語る内容を整理しておこう。

初日の流れを
確認する

自分のクラスだけでなく

　1年で最も大切な日といってもいい「出会いの日」である始業式の日。学年主任としては，自分のクラスだけでなく，すべてのクラスがより良い初日を迎えられるようにマネジメントしましょう。

全クラスがより良い初日を迎えるために

　自分のクラスだけでなく，すべてのクラスがより良い初日を目指すためには，いったいどのようなことに気を付ければよいのでしょうか。

　まず，

> 自分の初日の動きをすべて公開する

ということは大原則です。

　これは，若い先生と組んでいたとしても，中堅やベテランと組んでいたとしても必須の条件です。自分の学級開きをしっかり学年内に公開するようにしましょう。

　そのためには，

> 始業式の1日の流れ（できるだけ詳細に書かれたもの）

を共有することがベストです。

自分自身の初日の動きをすべて書き出さなければいけませんが，自分のためにも，学年のためにも取り組むことをおすすめします。

　では，初日に関する内容で共有することとは何でしょうか。

　例えば，次のようなことを共有するとよいでしょう。

〈当日を迎えるまでの準備〉
- 座席をどうするか
- 先生の自己紹介をどうするか
- 教科書の配り方をどうするか
- 手紙の配り方をどうするか
- 連絡帳をどのように書かせるか

〈子どもたちと共有しておきたいルール〉
- 話の聞き方
- ロッカーの使い方
- 上履きの使い方（かかとをそろえる）
- 席を離れるときには椅子を入れる
- 机上の整理整頓

　そのような詳細なことまで共有することで，学年の先生に安心感を持ってもらうことができます。初日の自分の動きを公開することで，どのクラスもより良い学級開きが迎えられるようにしましょう。

POINT!

- 初日の動きを公開するために詳細を書き出そう。
- 事前の準備や子どもと共有するルールを学年で共有しよう。
- 初日の自分の動きを共有することで，学年の先生に安心感を持ってもらおう。

3日間を
無事に乗り越える

初日の次は3日間を

まずは初日を無事に乗り越えること。その次には「3日間を乗り越える」というミッションが待っています。3日間を学年全体で乗り越えるにはどうすればよいのか，学年主任として考えましょう。

3日間を通じて振り返りの文化を生み出す

3日間を学年全体で乗り越えるには，初日と同様に

> 3日間の動きを公開する

ことはもちろんですが，初日と違い，さらにやるべきことがあります。
それは，

> 初日，2日目について振り返りの時間をとる

ということです。

初日や2日目というものは，メンバーにとっても特別な時間であり，気合が入っていると同時に，大きな不安も抱えながら過ごしているものです。

また，スタート期に「うまくいっていること」「さらにうまくいくきっかけとなるもの（改善点）」を振り返りながら整理することはとても大切なことです。

その際，学年主任に求められることは，

（メンバーの）壁打ち役となること

です。

　壁打ちというのは，話を受け止めることで，話し手が自分自身で状況を整理したり新たなアイデアを出したりすることです。

　とにかく，学年主任の役目は「聞く」ということがポイントとなります。

　では，具体的にどのようにすればよいのかというと，

「（初日は）どうだった？」

と聞くことから始めましょう。

　先ほども記した通り，初日や2日目は，どんな先生にとっても期待と不安の大きな2日間です。

　だからこそ，人に聞いてほしいという欲求も強くありますし，「これで良かったのか」と振り返りたくなる気持ちも高まります。

　この2日間をていねいに振り返ることで3日目につながっていきますし，「実践ののちに振り返る」という学年の文化がつくられていきます。

　ぜひ，始まりの3日間で「振り返り」の文化をつくっていきましょう。

POINT!

・3日間の動きも公開し共有しよう。

・学年主任は「壁打ち役」になろう。

・2日目までを振り返ることで「振り返り文化」をつくっていこう。

1週間を振り返る

振り返りは通年で大切にしたいこと

「1週間を振り返る」という作業は，新年度だけではなく通年で行っていきたい作業です。1週間の終わりには，わずかな時間でも「1週間どうだったか？」を振り返るようにしましょう。

「振り返り」を学年の文化にする

子どもたちの学習でも「振り返り」が大切とされていますが，学年集団にとっても「振り返り」は，とても大切な作業です。

どうして振り返りが大切なのかというと……

- 自分自身を振り返ることで「自分で自分を良くする」という力が高まっていく（外的刺激のみに頼らなくて済むようになる）。
- 1週間で私たちはたくさんの情報を得ている。それらを整理するからこそ，次にやるべきことが見えてくる。
- 1週間を振り返ることでリセットされ，前向きな気持ちになることができる。

「振り返り」には，このような良い面があります。慣れないうちは，振り返りの効果を感じにくいかもしれませんし，振り返り自体に時間をかけなければできないかもしれませんが，慣れていくうちに，だんだんと短い時間で質を高くすることができるようになりますので，「振り返り」を習慣に取り

入れるようにしましょう。

　振り返りの方法は，前項でも紹介したように，学年主任がメンバーに「1週間どうだった？」と投げかけるだけでよいでしょう。そして，その後は，学年主任はできるだけ傾聴し，聞き役に回ります。人は，自分のことを自分で語るだけで，自分の課題に気が付いたり，次にやるべきことに気が付いたりするものです。

　では，私たちは，1週間でどのようなことを振り返るのでしょうか。

　例えば，メンバーからは，次のようなことが出てくるでしょう。

- 子どもたちの様子
- 保護者について
- 授業の進め方や内容について
- 校務分掌について
- 研究について
- 自分自身のプライベートなことについて

　特に最後の「プライベート」も重要な要素となることを押さえておきましょう。子どもたちが様々な家庭背景を抱えて学校に登校するように，先生方もいろいろな背景を抱えて出勤されています。それらも含めて，先生方はそれぞれのパフォーマンスを発揮していることを学年主任としては捉えておく必要があります。そのようなことも意識しながら，先生たちの振り返りの様子を聞くようにしましょう。

POINT!

- 「振り返る」ことの効果を押さえておこう。
- 先生方の振り返りで出ている項目を整理して聞くようにしよう。
- 先生方の背景も踏まえて振り返りを聞くようにしよう。

学年全体の子どもの様子を見る

自分のクラスだけでなく他のクラスも意識する

　学年主任といえども自分のクラスを受け持っているのが基本です。しかし，学年主任は自分のクラスだけを意識していてはいけません。学年全体をいつも感じるようにしましょう。

他のクラスのことを気にかける

　学年主任として，いつもすべてのクラスに対してアンテナを張っておきましょう。そのようにすることで，次の二つの良い点があります。

- 学級崩壊やいじめなど大きなことを未然に防ぐことができる（予防的）
- もし何かがあっても，日ごろの情報をもとにしながら学年として対応することができる（事後対策的）

　つまり，「予防的な視点」と「事後対策的な視点」との両方で対応することができるようになるのです。

　とはいえ，学年主任だからといって，何でも他のクラスについて知ることができるわけではありません。
　視点を持って他のクラスについて見ておくことが大切です。
　学年主任として，例えば，次のような視点を意識しておきましょう。

- 学年会などでよく名前があがる，いわゆる「気になる」子
- クラス全体の雰囲気（明るい or 暗い，騒がしい or 落ち着いている など）
- 子どもたち同士のつながり
- 子どもたちと先生の関係
- 教室環境（子どもたちの持ち物の整理など，小ぎれいな状態か）
- 時間について（授業の開始・終了，下校時刻 など）
- 給食の残菜　　・そうじの様子

　これらは，日ごろから少し意識をするだけで，情報を収集することができます。ぜひ，他の教室の前を通るときなどに意識してみてください。

　それから，他のクラスを知っておくのに有益な方法があります。

　それは，p.112でも取り上げますが

> 日ごろから教室に出入りする関係をつくっておくこと

です。やはり，教室の中と外では空気感がまるで違います。教室の外からではなく，中に入り込むからこそわかることがたくさんあるのです。ぜひ，教室の中に入って，他のクラスの空気感を感じてみてください。

　そのためには，やはり，先生方との信頼関係が必要です。日ごろのコミュニケーションがあってこそ，教室の中に入ることのできる関係があることを押さえておきましょう。

POINT!

- 日ごろから他のクラスの様子を見る習慣を身に付けよう。
- 視点を持って他のクラスを見るようにしておこう。
- 普段から教室の中に入ることのできる関係をつくろう。

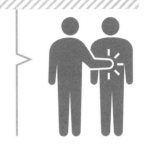

日々の授業を充実させる

「授業」をどうするか

　毎日の学年経営がうまくいくかどうかは，学校生活の中で一番長い時間を過ごす「授業」が大きなウエイトをしめます。ここでは，毎日の授業をどのようにして充実させていくのかを見ていきましょう。

毎日の授業は教科書をフル活用する

　毎日の授業を充実させるコツとは何でしょうか。

　毎日，時間の限られている中，さらには，授業だけが先生の仕事ではない現状において，私は以下の二点における工夫が大切であると思っています。

・教科書をどのように活用するか
・子どもたちの学習活動がメインの授業をどう生み出すか

　まずは，教科書について見ていきましょう。

　ここで「教科書」と出しましたが，みなさんは「どの教科書」をイメージされたでしょうか。

　子どもたちが使用している「児童用教科書」なのか。さらには，先生たちが持参している「指導者用（朱書き）教科書」なのか。私は，

児童用教科書を見て授業が組み立てられる力

が必須であると思っています。

　指導者用の教科書は，当然のことですが「先生主体」で授業が進むことを前提にしてつくられています。先生の発問についてや板書についてなど，あくまでも先生の都合で書かれているといってもいいでしょう。

　しかし，児童用教科書は違います。

　児童用の教科書にも，何やら発問のようなものや学習活動への指示が書かれていますが，それらはあくまでも，先生に届けようとしているメッセージではなく「子どもたち」そのものに届けようとしているメッセージです。

　ですので，本来は，教科書があれば，子どもたちは自分たちで学習を進めることができるように設計されているはずなのです。

　ここで，二点目の「子どもたちの学習活動がメインの授業をどう生み出すか」というポイントが活きてきます。

　教科書はあくまで子どもたちが読めるように書かれているもの。となると，授業のメインは，あくまでも子どもたちが活動することになるでしょう。

　教科書をメインにしながら子どもたちが自分たちで学んでいく。

　そのときに，私たちは何ができるのかを考えるのです。

　子どもたちがつまずいてしまったときに，どのように関わっていくか。

　教科書のレベルを超えていくときに，どのように関わっていくか。

　そのように授業を捉えなおしてみましょう。

　学年のメンバーで，「教科書をどのように活用しているか」という視点で日々の授業を考えることで，毎日の授業を充実させることができるはずです。

POINT!

・授業は，教科書と子どもの学習活動をメインに考えよう。
・児童用教科書と指導者用教科書の違いを押さえておこう。
・学年メンバーで教科書の活用について考えてみよう。

授業で使えるネタは
どんどん共有する

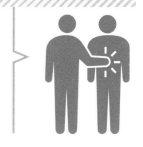

情報化社会でいかに情報を獲ることができるか

　情報化社会はなお一層加速の一途をたどっています。インターネット上にあらゆる情報が存在するようになりました。学年主任として，様々な情報をできるだけ共有するようにしていきましょう。

学年として情報に強くなる

　いまやインターネット上には「日常生活に必要な情報はすべて掲載されているのではないか」と思うほどに多くの情報が掲載されています。

　また，それらの多くが無料で質の高いものであり，授業で活用することができるものが多数掲載されています。

　気になるのが著作権ですが，教室内ではほとんどの情報が「著作権フリー」で活用できるようになっており，その心配もほとんどありません（ただし，近年は学校内での著作権侵害事例も増えています。著作物の利活用は十分注意を払いましょう）。

　例えば，以下のようなコンテンツがインターネット上に掲載されています。

・都道府県フラッシュカード　　・白地図

・けいさんフラッシュカード　　・さくらんぼ計算の練習

・九九のうた　　　　　　　　　・そろばんの扱い方

・席替え便利ファイル

ここでは書ききれないくらいのコンテンツがインターネットには存在しています。つまりは

> 知っているか知らないかの差

であるということです。

　授業ですから「授業が上手かどうか」という差は，もちろん経験年数や先生によって存在します。しかし，その経験による差を埋めるのが「情報」なのです。

　例えば，「子どもたちにリコーダーが上手になってほしいな。何か参考になるサイトはないかな」という会話を学年でしたとします。

　その後には，若い先生でもベテランの先生でも「では，インターネットで検索しておきますね」といった会話を続けることができます。技術や経験の差ではなく，「やるかやらないか」「調べるか調べないか」の差になってきているといえるでしょう。

　そして，その調べたことは，瞬時に共有することができます。

　このようにして見ていくと，次のことに気付き始めます。

> チームとして情報に強くなるかどうか

　ぜひ，学年で情報を収集し共有する力をつけられるよう，学年主任として導いてください。

POINT!

・インターネットの強みを最大限に活かそう。
・調べるかどうかの差であることを認識しよう。
・学年として情報に強くなろう。

毎日の対話を大切に

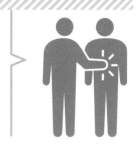

対話の設計に目を向ける

　「新年度準備」のコーナーでも，何度も登場した「対話」という言葉。学年内で対話をどのように設計するかで，日常の充実度がまるで変わってくるのです。

対話の質を日常的に高めていく

　次のような理論があります。

> ザイオンス効果

　ザイオンス効果とは，シンプルにいうと，次のようにいえます。

> **接触回数が増えれば増えるほど，その人への好感度が上がる**

　なぜなら，その人への警戒心や不安感が，基本的には接触回数が増えれば増えるほど減少しているからと考えられています。

　とはいえ，人間同士ですから，次のようにもいうことができます。

> **不安や不快な経験が接触回数ごとにカウントされていけば，その人への不信感は強まってしまう**

だからこそ，

日常的な「対話」が不可欠である

といえます。

では，日常的な対話をどのように安定させて質の高いものにしていくのでしょうか。私は，

・日常的に対話を取り入れるシステムを入れる
・学年主任の思考の状態を良くする

の二点が欠かせないと思っています。

　まずは，学年主任として対話のシステムを日常的に組み込んでしまうのです。例えば「職員室から教室までは（基本的に）学年で移動する」「退勤5分前は対話の時間とする」などのように，日常のシステムにしてしまうのです。

　とはいえ，システムだけ入れて質の高い対話ができなければ意味がありません。そのため，「学年主任の思考の状態を良くする」ことが大切です。残業をしすぎて体力が残っていない，物事を悪い方ばかりに考えてしまって後ろ向きになるのではなく，前向きな思考状態でより良い対話の時間にするようにしましょう。

POINT!

・対話の回数を確保する良さを押さえておこう。
・対話の時間をシステムに入れてしまおう。
・学年主任の思考の状態を良くして，より良い対話の時間にしよう。

宿題のデザインをする

やっぱり「宿題」は興味関心の高いもの

　先生たちの意識以上に子どもたち，保護者の方が興味関心を持っているのが「宿題」です。この「宿題」を効果的に学年で取り組むことができるように，学年主任としてデザインしていきましょう。

「宿題」の持つ力を正しく発揮する

　昨今，時にメディアもにぎわせている「宿題」ですが，保護者や子どもは宿題をどのように捉えているのでしょうか。

　あくまでも私の実感ですが……

- 先生から言われている「必ず提出しなければいけない」もの
- 「宿題を提出することができている」という安心感につながるもの
- 保護者にとっても，子どもが宿題に取り組むことで安心感につながるもの

　「宿題」については「出す必要がない」「効果があるのか」といった議論も存在しますが，ここでは「宿題を出すことによる子どもたちへの良い効果はある」という立場で話を進めさせていただきます。

　まず，「宿題は提出しなければいけないもの」という認識をうまく活用しましょう。これは，宿題というものが，日本の教育界において長い年月をかけて生み出されてきた文化だからともいえます。文化はこわしてしまうこと

はあっという間かもしれませんが，積み上げるには相当の時間を要します。この文化の力を借りない手はありません。

　とはいえ，ただ単調な宿題を出し続けては，その力の持ち腐れといえるでしょう。意図のないドリル的な学習（決してドリル学習の否定ではありません。あくまでも「意図のない」学習です）ではもったいないのです。

　そこで，

> ### 先生のメッセージ性のこもった宿題

がおすすめです。例えば，文章による表現力を育てたいのであれば「作文」がおすすめですし，芸術的な力を伸ばしたいのであれば「リコーダー」などの宿題がおすすめになるでしょう。また，キャンペーン期間を設けて「都道府県の漢字を覚えよう月間」などといって，都道府県の漢字を覚えてしまうような取り組み（4年生）も考えられます。

　意図を持たずに惰性的に宿題に取り組ませるのではなく，意図を持って宿題を出すことが大切です。

　また「保護者にとっても安心感につながる」点において，「我が子が宿題をやっているかどうか」は，多くの保護者の興味関心ごとです。そこで

> ### 保護者との連携を含めた宿題

も意識してみるとよいでしょう。その場合は，保護者の負担にならない程度のサイン・コメントなどをいただくのがおすすめです。

POINT!

・これまでの学校文化が積み上げてきた「宿題」をうまく活かそう。
・宿題に意図を込めよう。
・宿題を通じて子どもと保護者の交流を意識してみよう。

学年メンバーに問いを投げる

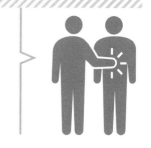

学年メンバーに問いを投げる

学年主任になったら，話題の中心を担うことが多いでしょう。その機会を活かし，学年のメンバーに「問い」を日常的に投げ込んでみましょう。学年のメンバーとの対話も深めることができます。

教育哲学を鍛える良さ

学年のメンバーに問いを投げる良さとは何でしょうか。

まず，

> 学年のメンバーの教育哲学を鍛えることができる

ことがあげられます。「教師の思考」とは，実はとても大切なことです。

このことをマザーテレサの言葉から考えてみましょう。

> 思考に気をつけなさい，それはいつか言葉になるから。
> 言葉に気をつけなさい，それはいつか行動になるから。
> 行動に気をつけなさい，それはいつか習慣になるから。
> 習慣に気をつけなさい，それはいつか性格になるから。
> 性格に気をつけなさい，それはいつか運命になるから。

最初と最後の言葉をつないでみると，

思考が運命となる

とも読めます。大きなことのように思うかもしれませんが，人間の言葉や行動，習慣はすべて「思考」から始まります。「そもそもダイエットをする気がない」人がダイエットをしないのは当然のことでしょう。

　学年主任は，その時々の状況に合わせて「教育哲学的な問い」を投げかけます。例えば，次のような問いはどうでしょうか。

- ・「学級が落ち着いている」とはどのような状態なのだろう
- ・保護者と私たちはどのような関係でいることが望ましいのだろう
- ・授業とはいったい何だろう
- ・運動会の本当の目的は何なのだろう
- ・職員室の役割は何なのだろう
- ・どうして私たちは教師を続けているのだろう

　どれも，正解があるようで，正解のない問いばかりです。このようなことを話題にあげ，日々，対話を続けることで，メンバーの教育哲学が鍛えられる一方で，メンバー同士のつながりも強めることができるでしょう。

　ぜひ，学年主任として，学年メンバーに教育哲学的な問いを投げ込んでみてください。じわじわとではありますが，それはメンバーの力となり，子どもたちへの教育がより良くなっていく一手となります。さらに，私たち自身の教師としての充実度も上げることができるでしょう。

POINT!

- ・学年主任として教育哲学を投げ込んでみよう。
- ・教育哲学を鍛える良さを知ろう。
- ・教育哲学を語り合うことでメンバー同士のつながりを強めよう。

トラブル対応①
「自己指導能力」を
育成する

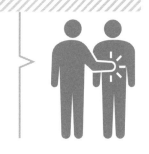

普段から何を備えるか

　トラブルへの対応場面では学年主任が登場する機会が多くなります。そこで，ここから複数項目にわたって，トラブル対応について述べていきます。p.62でも少し触れましたが，トラブル対応の基本は「普段からの備え」をしておくことです。そのためには，「予見」が欠かせません。では，どのようにすれば「予見」することができるのでしょうか。

普段から「自己指導能力」を育成する

　2022年12月，文部科学省より新たな「生徒指導提要」が出されました（新しい「生徒指導提要」に基づいた生徒指導については，拙著『生徒指導主任365日の仕事大全』（明治図書）にも詳しく記載しています）。

　「生徒指導提要」の中では，次の二つのキーワードが打ち出されました。

> ・常態的・先行的（プロアクティブ）生徒指導
> ・即応的・継続的（リアクティブ）生徒指導

　このうち「常態的・先行的（プロアクティブ）生徒指導」は，特に何かが起こっていない普段からの学校生活で行う生徒指導とされ，日常の生活指導上，大切なものとされています。

　「常態的・先行的（プロアクティブ）生徒指導」は，次のように説明されています。

> 特定の課題を意識することなく，全ての児童生徒を対象に，学校の教育目標の実現に向けて，教育課程内外の全ての教育活動において進められる生徒指導の基盤となるもの（→これを「発達支持的生徒指導」といいます）

　つまり，普段の教育活動の中で実施する生徒指導であり，日常的に子どもたちに身に付けさせたい力を身に付けさせていこうというものです。
　では，普段から，子どもたちにどのような力を身に付けさせるとよいのでしょうか。それは，

> 自己指導能力

です。これまでの生徒指導は「先生が抑えるもの」「先生が起こさせないもの」という印象がありましたが，新しい「生徒指導提要」の中で打ち出されている「自己指導能力」の育成は，そうではありません。
　自己指導能力の基本的な考え方は，

> 子どもたちが，自分の課題を自分で乗り越える

というものです。その力を育成するために，先生はどのような支援をすればよいのか，普段からどのような関わりをすればよいのかを考えることが大切なのです。ぜひ，普段から，そのような関わりを意識して子どもたちと過ごすようにしてみてください。

POINT!

・改訂版「生徒指導提要」のキーワードを押さえておこう。
・「自己指導能力」とは何かを知ろう。
・「自己指導能力」を育成するための関わりを学年で考えよう。

トラブル対応②
先手を取って
生徒指導を行う

二つの日常の生徒指導

　常態的・先行的（プロアクティブ）生徒指導には，前項で紹介した「発達支持的生徒指導」のほかにもう一つの考え方があります。普段の生徒指導から，二つの生徒指導の考え方を持っておきましょう。

生徒指導は「先手」で行う

　学年主任として，次の二つの生徒指導の考えを持っておきましょう。

・発達支持的生徒指導（前項で紹介）
・課題予防的生徒指導（特に課題未然防止教育）

　この二つは，普段，何も生徒指導案件が起きていないときから実施しておく生徒指導となり，学年の生徒指導の基盤となります。

　もちろん，何か対応しなければいけない生徒指導案件が起こったときにも，普段の生徒指導を充実させているかどうかで，大きく変わってきます。何か対応しなければいけないことが起こったときに，普段からの指導が積み上げられているかどうかは，とても重要なことです（「何か起こったときだけ」の対応になってしまうと，生徒指導が後手後手となってしまい，学年の生徒指導が苦しくなっていくことを，いつも頭の片隅に入れておいてください）。

　では，この項で紹介する「課題予防的生徒指導（特に課題未然防止教育）」とは，何なのでしょうか。

それは，次のように説明されています。

全ての児童生徒を対象に，生徒指導の諸課題の未然防止をねらいとした，意図的・組織的・系統的な教育プログラムの実施

ポイントは「すべての児童生徒」であったり「未然防止」であったり「意図的・組織的・系統的」であったりします。できるだけ後手の生徒指導にならないようにし，「先手」の生徒指導となるようにすることがポイントです。

では，先手の生徒指導は，具体的にはどのようなものがあるのでしょうか。例えば，

- 朝の会，帰りの会などを活用した生活指導連絡
  （ルールの確認や普段の生活の過ごし方など）
- 週に一度の道徳授業
- 各教科をはじめとする道徳授業以外の授業
- 学校行事
- 学年集会

などがあげられるでしょう。道徳教育は「全教育活動で取り組む」とされていますが，生徒指導も全く同様です。普段からの学校生活の過ごし方の指導こそが学年の生徒指導となるのです。日常から「先手」の生徒指導を意識して学年を運営するようにしましょう。

POINT!

- 二つのプロアクティブな生徒指導を押さえておこう。
- 教育活動における生徒指導の場面を整理しておこう。
- 普段から先手の生徒指導を意識しよう。

トラブル対応③
カウンセリングと
コーチングで
個別対応をする

生徒指導で使える二つのスキル

　学年主任として「カウンセリング」と「コーチング」を使い分けることは，とても大切なことです。ここでは，生徒指導場面での「カウンセリング」「コーチング」を見てみましょう。

「カウンセリング」「コーチング」を使いこなす

　そもそも「カウンセリング」「コーチング」とは何なのでしょうか。ざっくり説明すると，

> **カウンセリング**
> とにかく相手の気持ちに寄り添って傾聴していくこと

> **コーチング**
> 相手の可能性を信じて相手から引き出すこと

といえます（この二つとは別に「ティーチング」がありますが，それは，日常的な教育活動の中で行われていますので，割愛します）。

　この二つのことが，どうして大切なのでしょうか。それは，

> **生徒指導は，ティーチングだけでは必ず行き詰まる**

からです。

「どうしてたたいたの！」

「そんなことをやっちゃダメじゃない！」

学年主任として，他クラスの生徒指導に入り込むこともあるでしょう。

そのときに，学年主任として「ティーチング」だけしか使えないのであれば，適切な生徒指導はできないでしょう。

「ティーチング」のみの一方的な指導だけではなく，

> 「（ダメなことは大前提で）友だちをたたいちゃったときの気持ち，わかるよ」（**カウンセリング**）
>
> 「本当はどうするべきだったのかな」（**コーチング**）
>
> 「次，同じようなことがあっても絶対に人をたたいてはいけないよ」
> （**ティーチング**）

といった流れを基本とし，カウンセリングとコーチングをうまく使いこなしながらティーチングも行っていきます。

そうすることで，子どもたちの気持ちに寄り添った指導ができることはもちろん，生徒指導場面を通じて先生との信頼関係を結ぶこともできますし，子どもたちの「自己指導能力」を高めることにもつながるでしょう。

もし，可能であれば，学年のメンバーに「カウンセリング」「コーチング」の考えを共有しておくことをおすすめします。メンバーの生徒指導の幅がうんと広がることでしょう。

POINT!

・生徒指導が「ティーチング」だけにならないようにしよう。

・生徒指導場面を通じて子どもたちと信頼関係を結ぼう。

・学年メンバーに「カウンセリング」「コーチング」を伝えよう。

トラブル対応④
チームで
解決に取り組む

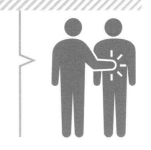

「チーム」として解決に向かえるように

　昨今の教育は高度化しています。学年としても，いつでも「チーム」として解決に当たれるような風土をつくっておきましょう。

協力体制も含めて学年の力

　時代の変化は本当に大きいものがあります。その何が要因で今のような現場の状況になっているのかはわかりませんが，

> 一人で解決することが難しい事案が増えてきている

ことは間違いありません。社会における教育や学校に向けられる価値観が変化したのか，保護者や子ども，あるいは私たち教師が変化したのか，どのような要因かはわかりませんが，上記のような状況になってきていることは間違いのないことです。

　そのような現状を踏まえて，学年としてはどのような体制をとっておけばよいのでしょうか。それは，

> いつでも「チーム」で取り組むことのできる体制をとっておく

ということです。

もう少し，具体的にいうと

いつでも学年主任が学年に関する指導に入ることができる

ということと，もう一つは，

いつでも管理職に入ってもらうことができる

という二つのパイプをつくっておかなければいけません。

「学年主任が入ることができる」状況をつくるのは，何といっても，日ご
ろの信頼関係でしょう。信頼関係のない状態では，お互いにストレスなく入
り込むことは難しいでしょうし，解決に向けた連携もちぐはぐしたものとな
ってしまいます。それでは，チームとしての機能は発揮されません。
　では，管理職とのパイプづくりは，どのように考えればよいのでしょうか。
　それは，

管理職の力も学年の力である

と捉えることが大切です。当然ですが，いつでも管理職は学年の味方であり
協力者です（学校全体を見ているのだから当然です）。よって，いつでも頼
っていいというマインドを学年主任として持っておきましょう。

POINT!

・時代が変わり一人で解決できる事案が少なくなったと自覚しよう。
・日ごろからの関係こそチーム力の発揮につながると捉えよう。
・いつでも管理職を頼ろう。

行事指導と日常の授業をいつもつなげる

学校行事は日常の授業とつなぐもの

　学年の大きな取り組みとして「学校行事」があります。学習参観，運動会，学習発表会，作品展……。それらの行事と日常をいつもつなげる意識を持っておきましょう。

学校行事と日常の授業をつなぐ良さ

　みなさんは，「学習発表会」というと，どのようなイメージを持つでしょうか。きっと，

- 日ごろの学習活動を披露する機会（教科で取り組んでいる学習活動など）
- 総合的な学習の時間や生活科の時間などで調べた成果を発表する場
- 各教科の活動をつなげてストーリー化し，その成果とメッセージを伝える場

といったイメージを持っているのではないかと思います。

　しかし，10〜15年ほど前は違っていました。そのころの学習発表会といえば，あくまでも一例ではありますが，「各教科とはまるで関係のない演劇」のようなものが多く行われていました。

　実際，インターネットにも「劇の台本」のようなものが掲載されていましたし，書籍も「（あくまで）学芸会」というジャンルではありますが，劇指

導の内容が記されたものが多く店頭に並んでいた時期がありました。

　なぜ，このようなものが広がっていたのかを考えてみると，

見栄えのするものを披露したかった

という背景があるでしょう。つまり，「ウケ」の良さを優先したり，「ただ楽しい」ということを優先したりした結果ではないかと思うのです。

　ただ，今の時代で教師として過ごし，本書を読んでくださっているみなさんであれば，すぐに気が付いてくださると思います。

まるで日常の授業とつながりがない

　よって，授業の内容と学習発表会のつながりは完全に切れてしまっていますし，日常の活動に，行事指導を別物としてのせてしまっていたのです。

　このようなことをすれば，子どもたちや先生の多忙感が倍増するだけでなく，「子どもたち自身の力が育たない」ことが一番の問題です。普段の授業にも良い影響を与えることはないでしょう。

　行事指導と日常の授業を関連させることによる，互いの相乗効果は計り知れません。それぞれが高まっていくことで，効率的に行事指導を進めることができるとともに，各教科の時間もとても充実していきます。

　ぜひ，「学校行事と日常の授業をつなぐ」ことを意識してください。

POINT!

・学校行事と日常の授業の内容を関連させよう。
・日常の授業とつながりのない学校行事は「意味がない」と自覚しよう。
・学校行事と日常の授業を「つなぐ」ことで相乗効果を発揮すると知ろう。

行事指導は
プロセスを見せる

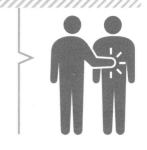

プロセスを見せることを知る

　行事指導で欠かせない考え方が，「プロセスを見せる」ということです。ここを抜かしてしまっては，学校行事は間違った方向へ進んでしまうこともあるのです。

「プロセス」を重視した行事指導を

　みなさんは，次のことがニュースになったのをご存じでしょうか。

> とある運動会で，10段にも及ぶ巨大ピラミッドが崩落し，子どもが重傷を負ってしまった

　どうしてこのようなことが起こってしまったのでしょうか。
　一般の方の目線から見ると，おそらく次のような視点で見ることでしょう。

> ・子どもたちの運動会なのに，どうして大きな危険を持ってまで実施するのか。
> ・このピラミッドをつくる目的は何なのか。その他の安全な方法で達成できないのか。
> ・このようなピラミッドを行うことを，止める人はだれもいなかったのか。

学校の外からこの現象を見れば，きっと，このような疑問を持たれること
と思います。

　では，どうして，こうした疑問を抱くような大きな事故に発展してしまっ
たのでしょうか。実施までにどのような思考が働いたのかを考えてみましょ
う。

> ・昨年の運動会は大成功だったな……。今年も絶対成功させなければ
> 　……。
>
> ・昨年は3段までピラミッドが立っていたな……。それ以上に感動して
> 　もらうには4段に挑戦するしかないか……。
>
> ・挑戦こそ教育だ！　今年はこれまでにない大技に挑戦するぞ！

　おわかりでしょうか。すべての思考が「これまでよりも高いものを」とい
った思考であり，「結果」にしか目を向けていないのです。

　このような思考で学校行事を含めた学年経営に挑んでしまうと，1年経つ
ごとにこれまで以上の結果を求めなくてはいけなくなってしまいます。それ
は，先生方にもそうですし，何より子どもたちに負担を強いてしまうことに
なります。そして，時には大きな事故につながることも……。

　「そうはいっても，毎年，同じ結果でいいのか？」といった疑問も浮かぶ
ことでしょう。そこで目を向けたいのが「過程（プロセス）」なのです。

　この子たちにとって，組体操はどのような意味を持っていたのか，この合
奏はどのような意味があったのか，卒業式にはどのような思いが込められて
いたのか……。姿は同じに見えるかもしれませんが，つくりあげられている
「ストーリー」はまるで違うものであるはず。教育では「過程」に目を向け
るようにするべきなのです。

POINT!

・「結果」でなく「過程（プロセス）」を重視した行事指導をしよう。

学年会通信を
出してみる

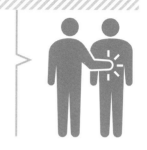

学年会通信を出してみよう

　時には，学年主任の思いを込めた「学年会通信」を発行してみましょう。学年のメンバーによっては，指針になったり宝物になったりすることもありますよ。

学年会通信に思いを込める

　あるセミナーで，愛知教育大学の鈴木健二先生が，学年主任のときに

学年会通信

を発行していると聞きました。

　当時は「学年会通信？　学年通信なら月に一度，保護者の方に出しているけど……」と思いながら話を聞いていました。

　鈴木先生の発行される「学年会通信」とは，

学年のメンバーのみに発行される通信のこと

を指していたのです。

　「えっ，じゃあ，読者はいったい何人……？」

と疑問を持ってお話を伺うと，やはり当時の学年のメンバーのみに発行していたので「3名ほど」ということだったのです。

こう書くと誤解があるかもしれませんが，「3人の方に向けた通信って，いったい……」と思ったことを今でも思い出します。

　しかし，その思いに触れた私は「自分もやってみよう」と思い，自分なりに「学年会通信」を発行してみました。

　それが以下の通信です。

令和3年度　　　　　　小学校　学年会通信

学年会通信 第2号
令和3年4月2日(金)

戦略的に1年間を乗り切る

小さなずれが大きな差を生む。
それを1番に防ぎたいものは何か？
つまり，何に一番力を注ぐべきなのか，を吟味しなくてはいけない。
私が1番に力を注ぎたいのは次のことである。

年間指導計画の見直し

本年度より各学年の年間指導計画が作成された。

- どのように単元を入れ替えるか
- どのように各教科，特別活動，道徳をつなげるか

そんなことをこの年度初めに見直しをする。
様々な雑務に追われる時期ではあるが，この作業をおろそかにしてはいけない。
なぜなら

年間指導計画の見直しが育てたい子ども像を浮き彫りにする

からである。年間指導計画を分析すると，その学年の特徴的な部分が浮き彫りになってくる。
ここに児童の実態を組み合わせる。それぞれの年代の子どもたちにそれぞれの個性がある。それを年間指導計画と組み合わせることで，その年の学年のテーマが見えてくるはずだ。

年間指導計画の分析×児童の実態＝学年テーマ

このような図式になる。
すると，普段の教育活動のゴールが見える。
つまり「北極星」を設定することができるのだ。
ゴール設定ができているのか，そうでないかの差は本当に大きい。
どこに向かっているのかわからなくなると，焦りと多忙感に迫られる時期が必ず来る。
しかし，ゴールがあれば何かピンチがあってもどこに向かえばいいのかがはっきりとわかる。
時間が経つにつれていろいろなものがつながりを生み，だんだんとゆとりさえ生まれてくる。
さらに，

総合的な学習の時間でどのようなことを仕掛けるか

そんなことを設定するのが4月になる。すると，教育活動がダイナミックになる。育てたい子ども像が具体的に見えてくる。
そんな4月の準備を進めていかなければいけない。
戦略的に1年間を乗り切ろう。

　学年のメンバーに，学年主任の思いを伝えることのできる学年会通信。おすすめです。ぜひ，執筆に挑戦してみてください。

POINT!

- 学年会通信を発行してみよう。
- 学年会通信は学年メンバーのみが読者であると心得よう。
- 学年会通信に思いを込めよう。

学年集会の効果的な開催の仕方

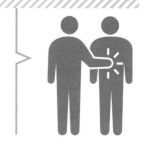

学年集会で学年経営を進める

　「学年集会」をどのように組み立てていくかで，学年経営は大きく変わってきます。学年集会を効果的に活用できるように，学年主任として戦略的に取り組みましょう。

学年集会を開きたい場面

　学年主任が主となって行う学年集会は，遠足などの校外学習に出かける前など，各担任から子どもたちに伝えるとニュアンスが変わってしまったり，細かな点でクラスごとに異なったことを伝えてしまったりすることが発生しそうな際に開催します。

　クラス単位での小さなズレは，子どもたちや保護者を困惑させてしまうもの。そのようなことがないように，学年集会を開いて確認するようにしましょう。

　例えば，運動会など学年で取り組む際もそうです。

　運動会で大切にしたいテーマ，心構え，そして取り組む内容など，学年主任の思いを子どもたちに伝えましょう。前述しましたが，運動会など，大きな行事は「どのようなプロセスをつくるのか」が大切になってきます。

　「プロセス」ということを，もう少し分解して考えると，次の三つが見えてきます。

- スキルの上達
- 協力の成熟
- 心の熟成

　このようなスタート地点や中間地点を子どもたちに自覚させるのが「学年集会」となります。子どもたちに，自分たちの成長を自覚させるよう，しっかりと語りかけましょう。

　また，緊急で学年集会を開催する場合として

生徒指導案件があったとき

が，あげられます。あまり開きたくはない場面ですが，物隠しやいじめにつながるような兆候が見られるなど，全体で注意喚起をしなければならない場面では，必ず開くようにしましょう。全体の気を引き締めなければならない場面は少なからずやってくるもの。そのときには，学年主任の出番なのです。

POINT!

- ・校外学習の前に，正確な情報を共有するために開催しよう。
- ・運動会など学校行事に向けて，学年集会でプロセスをつくろう。
- ・生徒指導場面で必要なときには躊躇せずに開催しよう。

おみやげ活用で コミュニケーションに 潤滑油を

潤滑油となる「おみやげ」の活用

　どんな集団においても，「潤滑油」となるツールは効果的です。学年では「おみやげ」を潤滑油として活用してみましょう。おみやげで思いもよらない効果を得ることができますよ。

心の扉の状態を意識する

　学年のコミュニケーションを充実させる一手として

> おみやげ

は有効です。

　学年集団で対話をする内容は，ほとんどが仕事に関するものです。仕事上で集まっている集団なので，当たり前といえば当たり前なのですが，やはり仕事の対話だけでは，厚みや幅がどうしても限定されてしまうもの。

　結局「仕事上のお付き合い」となってしまい，「人と人とのお付き合い」までは発展しづらいからです（もちろん，プライベートなことを普段から話してもよいのですが，そうした内容を自然に話すことが苦手な方もいるでしょう）。

　そこで，おみやげを活用してみます。本当にちょっとしたお菓子でいいのです。おみやげを活用することで，

　「どこに行ってきたんですか？」

といった会話を生み出すことができます。

　そこで「○○に行ってきたんですよ」「実は××に興味があって，以前から行ってみたくて……」「自分の子どもが以前から『行きたい』と言っていたんです」「自分の親が元気な間に行ってみたいと言うものだから……」などといった会話ができるでしょう。

　その会話から，自分のプライベートを伝えることができます。

　もちろん，学年のメンバーには「自分のプライベートを話したくない」という人もいるでしょうし，学年主任の先生の中でも「プライベートはちょっと……」という方もいるかもしれません。

　しかし，私の考えとしては

学年主任は心の扉を開いて
メンバーは心の扉の状態を自由に

が基本であると思っています。

　学年メンバーにとって，仕事とプライベートは密接な関係にあるもの。そのプライベートなことを，いつでも安心して話せることは大きなポイントとなるのです。

　そのきっかけに「おみやげ」を役立てることができます。「絶対におみやげを買うべき！」とまではいえませんが，参考にしてみてください。

POINT!

・コミュニケーションツールとして「おみやげ」を活用しよう。
・学年の関係を「仕事をこえた人と人」となるまで目指してみよう。
・心の扉を開ける学年主任を目指そう。

学年経営は
学年会が命

学年会は学年の肝となる場

　学校には様々な会議が存在しますが，学年主任としては「学年会」に最も
エネルギーを注ぐべきでしょう。学年会こそ，学年の肝となりあらゆる動き
のもととなる時間なのです。

「学年会」で大切にしたい三つのこと

　「学年会」を，私は次のように捉えています。

> ・学年にとって必要な情報を共有する場
> ・翌週の動きを確認する場
> ・その後も含めた大きな方向性を打ち出す場

　上記の三点はどれも外すことのできない大切な要素です。
　順に見ていきましょう。

●学年にとって必要な情報を共有する場
　学年にとって必要な情報とは，本当にたくさんのものがあります。

> ・学習の進度や内容
> ・それぞれのメンバーが持っている部会などの情報
> ・子どもたちの状況（学力面・生活面など）

> ・学年に関連する学校の予定

　大枠でもこれだけのものがあります。おそらく実際に学年会を実施したなら，もっとたくさんの情報が出てくることでしょう。それらを共有するのが学年会なのです。まずは，そこを押さえましょう。

●翌週の動きを確認する場

　学年は，本当に濃密な時間を積み重ねている存在です。そして，学校や子どもたちは常に変化していて，「来週も今週と同じ感じで」とはならないもの。だからこそ１週間の動きを確認しましょう。予定ややるべきことなどはもちろんのこと，どの子が今気になるのか，今後の予定を過ごしていく中で，どの子に必要なアプローチをしなければならないのかを想像しておくことが大切です。

●その後も含めた大きな方向性を打ち出す場

　学校には「節目」があります。その節目は「学校行事」「総合的な学習の時間」などが担うことがほとんどです。それらをどのようなテーマで取り組んでいくのか，いつから取り組み始めるのか，役割分担はどうするのか，指導の手立てをどうするか……。そんなことを学年会で話題にあげる必要があります。

　上記三点のどれもが欠かせないものです。

POINT!

・学年会でメンバーにとって必要な情報を共有しよう。
・学年会で翌週の動きをきちんと確認しよう。
・学年会で節目に向けた方向性を打ち出そう。

学年会では
できるだけ話さない

学年会をどう工夫するか

　前項で紹介したように,「学年会は学年主任として最も重要視したいこと」であることは間違いありません。しかし,学校で働ける時間は有限です。そこで,どうすればよいのかを考えましょう。

小さな学年会としっかりとした学年会を使い分ける

　学年会を充実させたい。

　この思いはすべての学年主任が持っていることでしょう。

　「あれもこれも話したい……」

　そう思って何も考えずに話を進めると,時計はあっという間に定時を超える……。そんなことが当たり前に起こってしまいます。

　私が教師として働き始めたころは,「働き方改革」などという言葉は存在しませんでした。そのころは常勤講師として働いていて,毎日の業務をこなしつつ,教員採用試験に向けても準備をしていたので,その当時からできるだけ勤務終了時間を迎えたら退勤するようにしていました。

　そんな中でも金曜日のほとんどが,退勤は19時や20時という時間になっていました。なぜなら「学年会」を実施していたからです。学年会では,毎回話し合いが充実し,1時間という枠では全く収まらず,2時間,3時間が当たり前となっていました。

　その話し合いから得た学びはたくさんありましたが,もちろん,今の時代に合うはずがありません。何の工夫もしなければ,学年会の時間は延びてし

まう一方なのです。

　その解決のための発想が,「学年会ではできるだけ話さない」というものです。このキャッチコピーで注目していただきたいのが,「学年会『では』話さない」というところです。

　では, いつ話すのでしょうか。

　それが,「普段から対話を重ねるシステム」を取り入れるということなのです。イメージとして……

> ・小さな学年会を毎日行う
> ・しっかりとした学年会を週に一度行う

といった感じです。

　毎日の対話が充実していると, 学年会での対話の時間は凝縮させることができます。学年のメンバーが2, 3人であれば（毎日の対話が充実していれば）「必要なときだけ開催」といったことも可能になるでしょう。

　学年会は大切にしたい。しかし, 時間は有限である。

　だからこそ「工夫」をしましょう。

　工夫をすることで, 限られた時間の中で成果を上げることができるのです。

POINT!

・工夫がなければ学年会の時間はいくらでも延びてしまうことを知っておこう。

・「小さな学年会」という意識を持ってみよう。

・限られた時間の中でも「工夫する」という視点を持とう。

時間を決めておく

タイムマネジメントがメンバーを救う

　どんなことでも時間を決めておくことは大切なことですが，学年会において
もきちんと時間を定めておきましょう。タイムマネジメントに救われるメ
ンバーが必ずいます。

退勤後のメンバーの生活を想像する

　どんな場面でもタイムマネジメントは大切なスキルですが，学年会におい
ては特に意識をするようにしておきましょう。というのは，繰り返しになり
ますが，学年会とは「ついつい時間が延びてしまうもの」なのです。

> ・学年という一番身近なコミュニティで開催される
> ・人数も2〜4人ほどと，話しやすい人数で実施される
> ・話し合う内容も多岐にわたり，話し合うべき事案も多い

だからこそ，ここまで紹介してきたような工夫が欠かせないのです。
　学年会の環境として，次のようなことに気を付けておきましょう。

> ・できるだけ教室など密室で行わない
> ・話し合う項目を制限しておく（p.98「レジュメをつくる」参照）
> ・学年会の開始時刻とあわせて終了時刻を伝えておく

これらをさらに具体的にいうと，

- 職員室など他のメンバーもいる場で行う
- もし，そのときに別の話題があがったら，できるだけ，その話し合いを次週以降に回すようにする
- 学年会の終了時刻をレジュメに明記し，学年会開始時に明言する

そのようなことをして，メンバーの時間への意識を高めていきます。

とはいえ，「週に一度の学年会，時間を気にせずに存分に話し合いたい」と思う気持ちもあるかもしれません。しかし，以下のような理由で，やはり学校は定時に出たいと思う先生がいるのです。

- 子どものお迎えの時刻が迫っている
- 臨時講師をしていて，帰宅してから勉強したい
- 歯医者など病院の予約をとっている
- 退勤後，何か予定が入っている
- 家族が体調を崩している

上記にあげたものは，私自身が何度も経験したことです。時には，出なければいけない時間になっているのに，言い出せずに学校に残ったことが何度もありました。そのようなことがないように学年主任のマネジメントが重要となってくるのです。

POINT!

- 学年会は「時間が延びやすいもの」と心得ておこう。
- 時間が延びてしまう要因をできるだけなくすようにしよう。
- メンバーの定時以降の生活も想像するようにしよう。

レジュメをつくる

レジュメで学年会を確かなものにする

　これまで紹介した「学年会の工夫」の一つに,「レジュメをつくる」というものがあります。レジュメをつくることで学年会をより確かなものにすることができます。

レジュメをつくる良さとは

　学年会ではレジュメをつくり,あらかじめ共有することをおすすめしています。

　レジュメといっても,基本のフォーマットは毎回変わりません(むしろ固定化します)。例えば,次のような項目(例)を載せています。

　1　来週の予定
　2　各部会などからの連絡
　3　協議事項
　　・1学期末の懇談会について
　　・運動会について
　4　子どもの様子
　5　来週以降の学年会

　このような項目を可視化しておくのです。では,どうしてこのようなレジュメをつくることが良いのでしょうか。それは,

> ・メンバーに「今日の議題」について共有することができる
> ・自分自身が「次の学年会で話したいこと」を明確にすることができる

からです。

●メンバーに「今日の議題」について共有することができる

　授業でも同じですが，そのときの内容を知っておくことで，それぞれのメンバーで主体性を持って動くことができるようになります。また，レジュメを見ることで「この前考えていた運動会のアイデアを言おう」と見通しを持つことができます。この「見通しを持ってもらえる」ことが重要です。行き当たりばったりでは，議論がスムーズには進みません。

●自分自身が「次の学年会で話したいこと」を明確にすることができる

　これは，とても重要なことです。

　どんな会議でも司会の力量は，その空間に大きな影響を与えています。例えば「時間内に終えることができるかどうか（もちろん議題にはよりますが……）」「議論の中身が充実したものになるかどうか」は，司会の影響によるところも少なくありません。

　学年主任が司会として学年メンバーの意見に耳を傾けながら学年会を進めるためには，「議題内容」がしっかりと頭に入っていることが大原則です。

　レジュメをつくることで学年会の中身を頭に入れるようにしましょう。

POINT!

・レジュメの基本項目を押さえておこう。
・レジュメをつくってメンバーが議論に参加しやすい環境をつくろう。
・学年会の充実は司会の事前準備にかかっていると心得よう。

Teams などを活用して より円滑に

学校 DX 化の波に乗ろう

　自治体で先生方に PC が配付されたり，「Teams」「Google Classroom」などが導入されたりすることが増えてきました。これらは，学年会でも積極的にフル活用しましょう。

学年会のデジタル化を目指す

　もし，自治体や学校で「Teams」「Google Classroom」などが活用できる環境にあるのであれば，積極的に使いましょう。

　これまで，紙媒体での資料づくりでは，以下のようなデメリットがありました。

- ・印刷する費用と手間がかかる
- ・修正点があってもその場ですぐに修正できない
  （修正点発見→修正→印刷といったいくつもの手間が発生）
- ・共同で情報を追記することができない
  （当日までの情報共有，その場での情報共有が困難）
- ・資料の整理はフラットファイルに綴じるなどして手間とスペースと時間がかかる
- ・印刷をしすぎた資料などは廃棄扱いとなり資源も無駄になる

　紙を扱うことで，これらのようなデメリットが生まれます。これらを総合

したデメリットを一言でいうと，

> 時間がかかる

ということに尽きます。働き方改革が提唱され，私たちの人生が仕事だけではないといわれている今の時代に，「時間」よりも大切なものはないとも考えられるでしょう。その大切な時間を紙の使用により奪ってしまうのです。

では，Teams や Google Classroom を活用するとどうなるのでしょうか。

- 紙の印刷をしなくてよい
- 日付漏れや誤字脱字があってもその場ですぐに修正することができる
- 必要な情報を事前に書き込んでもらうことができる
- その場で共有したい情報を一斉に打ち込むことができる
- 特に何もしなくとも情報を整理できる

会議のデジタル化はメリットしかありません。よく「メモが書けない」などと聞きますが，その場で，全員で共同編集することができますし，紙のメモに書きたい人は自分の紙で書けばよいのです。

ここでは，Teams や Classroom の細かな設定や方法は割愛しました。そのあたりについては，校内の ICT 担当の方とコミュニケーションをとったり，インターネット等の情報を学年主任として収集したりしてください。

POINT!

- 学年会のデジタル化を促進していこう。
- デジタル化を進めないことで時間を失っていると捉えよう。
- 会議のデジタル化はメリットしかないと押さえよう。

学年会の年間見通しを持っておく

学年主任は見通しを持つ

　毎週，積み上げていくことを基本とするのが学年会ですが，学年主任としては「学年会の年間見通し」を持っておきましょう。見通しを持つことで，その日の話し合いの内容も調整することができます。

学年会を充実させるために必要な「見通す力」

　「学年会が行き当たりばったりになってしまう」

　学年主任が，学年会の見通しを持っていなければ，すぐにそのような状態になってしまいます。

　学年会が行き当たりばったりになると，

- 学年業務がうまく回らなくなり業務が煩雑になる
- 業務が煩雑になるとミスがあったり効率が悪くなったりして仕事に時間がかかるようになり，残業が増えていく
- 業務が煩雑になったり残業が増えたりすることで子どもたちが落ち着かなくなってしまい，子どもたちが荒れてしまう
- 学年全体の雰囲気が悪くなり，学年のメンバー間の関係まで悪くなってしまう

というようなことが起こってしまうのです。

　そのために，「レジュメを作成する」ということをお伝えしたわけですが，

さらに見通しを持つためには，次のようなことをしてみましょう。

学年会の年間見通しを持っておく

それは，p.98の「レジュメの項目」の「5　来週以降の学年会」という部分に当たるものです。

例えば，学年会の資料の最後に，次のようなことを記載しておくのです。

〈今後の学年会見通し〉
5／26　※丸岡出張のため中止
6／2　　学習参観打ち合わせ
6／9　　プール指導打ち合わせ
6／16　研究授業打ち合わせ
6／23　研究授業打ち合わせ
6／30　個人懇談会打ち合わせ
7／7　　成績打ち合わせ
7／14　成績締め切り　成績最終確認
7／21　終業式　1学期の振り返り

このように整理することで，先を見通して学年経営をすることができます。また，学年主任も学校行事予定を見直すことができるのでおすすめです。

POINT!

・見通しがないと学年会が立ち行かなくなることを押さえよう。
・見通しを持つことが学年経営の安定化につながると知ろう。
・学年会の見通しを持って学校行事を頭に入れよう。

行事指導をきっかけに 教育観を語り合う

学校行事で教育観を語り合う

　p.84にも記した通り，学校行事は一歩間違えると，誤った方向に向かってしまいます。それを防ぐには，p.84で記した「プロセスを見せる」ことと，p.36の「教育観について語り合う」ことが大切です。

教育哲学と実践を学校行事で往還させる

　p.72でも「学年主任から問いを投げる」と書きました。

　それは「学年メンバーの教育哲学」を鍛えるためであり，重要な要素となります。

　それを，学校行事における指導でも取り組んでみることをおすすめします。

　学校行事の多くは

> 学年合同で指導に当たる

ことが多いでしょう。２クラスでも３クラスでも，通常はバラバラで授業を進めていても，学校行事になると合同で授業をする機会がうんと増えることでしょう。この機会を活かすのです。

　学年合同で授業を進めるということは，当然ですが，

> 学年メンバー全員で子どもを見る

ということになります。それは，机上の空論で教育哲学を語るのではなく，目の前の子どもを第一に考えながら思考することができるということです。

　では，どのようにして思考していくのでしょうか。

　例えば「教育とは一人一人の可能性を伸ばすことだ」と，学年で語っていたとしましょう。

　では，その対話の後には，子どもたちのどのような姿を探すでしょうか。また，どのような姿を目指して指導に当たるようになるでしょうか。

　それは，もちろん

一人一人の可能性

という視点で見たり指導に当たったりするようになるはずです。その子が伸びようとしている姿かもしれませんし，その子を伸ばそうという指導かもしれません。

　このように，

哲学と実践の往還

が何より大切なことなのです。

　他にも「協力し合うこと」「創意工夫すること」「粘り強く取り組むこと」などが学年で語られるかもしれません。語った内容は，ぜひそのままにせず，学校行事の指導で活かすようにしてください。

POINT!

・合同で指導に当たる機会を最大限に活かそう。
・哲学として語ったことをそのまま指導に活かすようにしてみよう。
・学校行事でこそ，哲学と実践を往還しよう。

学年方針を
いつも意識する

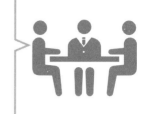

方針だけは忘れない

　前述しましたが，学校での教育活動は，大海原に出る航海のようなものなのです。それは，学年経営も変わりありません。その時々の対応を求められることも多くあります。しかし，方針だけは忘れてはいけません。

柔軟性を持つために

　子どもたちの成長を支援する，子どもたちとつくりあげていく学校の教育活動は，いつもドラマチックであり，予測不可能なものです。

　どのようになるかわからないからこそ，子どもたちはそのときの壁や課題に立ち向かうことで成長していくのであり，決められたことをただこなしていくだけでは，学校が学校として存在する意味はありません。

　学校は，計画された教育活動があるにもかかわらず，いつだって，その計画を変更したり中断したりすることが求められます。

　つまりは，

> **柔軟性こそ学校教育に欠かせない**

ともいえるでしょう。ガチガチに決められた教育活動の中では，子どもたちものびのびと成長することはできません。そこには，いつだって「遊び」「余白」が求められます。

　とはいえ，本当に自由になり，どこに行っても構わないような教育活動と

なると，どのようになってしまうのでしょうか。

　目的や目標を持たない集団は，決まってバラバラの存在となってしまい，集団の持つ最大の良さである「みんなで力を合わせる」ことが達成できなくなってしまいます。それもまた学校の醍醐味を奪ってしまい，子どもたちの成長は望めないものになるでしょう。

　子どもたちに遊びや余白を持たせつつ，集団としてまとまっていく。

　この相反する二つを達成するには，何が必要なのでしょうか。

　それが，p.22で紹介した

学年テーマ

なのです。

　みんながそれぞれに思い思いの方向へ向かっている，計画されていたものから予定を変更する，そのようなときに「こっちへ向かっていいのか」「このように変更してもいいのか」を見定めるのに活用するものが「学年テーマ」＝「学年方針」となるのです。

　本項のタイトルにあるように，「学年方針」をいつも意識するようにしてみましょう。そうすることで，学年としてのダイナミックな教育活動に取り組むことができるのだと，覚えておくようにしましょう。

　そのためには，「学年テーマ（方針）を学年だよりに記載する」「学年会のレジュメに学年テーマ（方針）を記載しておく」「廊下に大きく掲示しておく」などの工夫がおすすめです。

POINT!

・柔軟性を持つためには学年方針が必要と押さえよう。

・ダイナミックな教育活動には学年方針が必要と押さえておこう。

・学年方針を工夫して可視化しておこう。

Chapter 3

デキる学年主任になる！
学年主任の
完璧仕事術

常に心をオープンに

心を開く大切さ

　学年のメンバー間がどのような関係性で，日々の仕事に取り組むのかで，それぞれのメンバーのパフォーマンスも満足度も大きく変わってきます。それらを上げるためには，学年主任から心を開くことが大切です。

何でも話してもらえる存在を目指す

　心を開くことを，心理学では「オープンマインド」といいます。
　オープンマインドな状態とは，

> 自分の心をオープンにしつつ，周囲のメンバーの声を傾聴し，素直に受け止めることのできる心の状態

を指します。
　学年のメンバーと本当の信頼関係をつくるには，この「オープンマインド」でいることができるかどうかがとても重要なことです。
　なぜなら，仕事をしていると「言いにくいなぁ」と思うことが必ず起こるからです。例えば……

> ・子どもたちを間違った方法で叱ってしまった
> ・何か物をなくしたりこわしたりしてしまった
> ・保護者からクレームがあった

- 研究授業がものすごく不安である
- 自分でこなさなければいけないと思っている仕事が回っていない
- 日々の授業がうまくいかなくて悩んでいる
- 家庭で問題が起こって仕事に集中できない
- どうにも仕事にモチベーションが上がらない

　学校で働いていると，様々なストレスや問題と出会います。学校の仕事の特徴として，「とにかく量が多い」「とにかくたくさんの種類の仕事がある」といったことがあげられるでしょう。量も種類も多い学校の仕事は，それがやりがいである反面，ストレスに変わってしまうことも少なくありません。

　そのときに「何でも話ができる頼れる人」がいるかどうかは，学年メンバーにとって，とても大切なことになります。何かストレスや問題に直面したときに「素直にそれを話すことができる人がいるかどうか」は，学年経営にとっても大きな分かれ道です。

　そして，「話す相手」は，（状況によっては例外もありますが）その人の仕事の環境や情報を知っている人が望ましいでしょう。その方が，コミュニケーションもスムーズにとることができます。

　学年主任として，できるだけメンバーにとって「何でも話をしてもらえる」「心の扉を開いて話ができる」存在となれるようにしましょう。そうした存在でいることが，先生たちにとっても子どもたちにとっても大きな影響を与えるのです。

POINT!

- 「オープンマインド」な状態を目指そう。
- マイナスなことは発生するもの。それを受け止められるマインドを持とう。
- 学年メンバーに心の扉を開いてもらえるような存在になろう。

教室に入ってもらう

教室に入り合う関係を目指す

　学年のメンバー間が，互いに気軽に教室に入ることができる関係性を持てるようにしましょう。そのような状態になると，学年経営もずいぶんとスムーズに進めることができるようになります。

連絡事項をきっかけに教室に入る習慣を

　みなさんは，学年の先生たちの教室を自由に行き来することができるでしょうか。

> ・放課後など子どものいない時間帯
> ・休み時間や給食の時間など授業時間外の時間
> ・授業時間中

　これらの時間，いつでも教室に入ることができることが，とても大切なことです。
　しばしば教室は

> 密閉空間

となってしまって，担任の先生と子どもたちしか知らない空間へと変わってしまうことがあります。先生たちの心理として「授業をしているときの自分

の指導を見られたくない」「子どもたちへの指導の姿を見られたくない」という気持ちを持っており，それを避けるために，教室の扉がずっと閉められることにつながってしまうことがあります。

　そのような状態になってしまうと，時として良くない方向へ向かってしまうことがあります。先生と子どもたちの関係が悪くなってしまったり，授業の質が下がってしまったりといったことが起こる場合があります。

　それを防ぐためにも，「普段から教室を行き来できる関係」をつくりましょう。

　では，具体的にどうすればよいのでしょうか。まずは

> 小さな用事ができたときに，学年主任から教室に入って連絡する

ということをやってみましょう。

　「次の体育は体育館です」「下校時に子どもたちに○○を伝えてください」など，学校では，こまごまとした連絡事項が日常的に発生します。

　そうして「何かあれば教室に入る」ということを当たり前にしていきます。それも教室の手前ではなく，堂々と中まで入っていくことがおすすめです。

　そんなことを続けているうちに，メンバーからも学年主任の教室に入ってくるようになるでしょう。もし，廊下で話したそうにしている学年の先生がいるときには「どうぞ，中まで！」と伝えてあげましょう。そんなことをしているうちに「教室に入り合うのが当たり前」に変わっていきます。

　やがて「今度，○○の授業を見てもいいですか」といった会話が始まるようになるもの。もちろん，学年主任から「5分でもいいからいつでも見においで」と伝えてあげることも忘れないようにしましょう。

POINT!

・連絡事項をきっかけに教室の中まで入ってみよう。

・「5分」「10分」の授業参観も OK としよう。

失敗を話す

失敗の共有が心を開く

　p.110でお伝えした「オープンマインドな関係」を実現するのは，学年主任に対して心を開けるかどうかにかかっています。相手に心を開いてもらうためには，「失敗」を話すことをおすすめします。

失敗エピソードを意図的に語る

　学年主任など，○○主任という立場になってから，次のような言葉を若い先生からもらうようになりました。

> 「先生も失敗したことがあるのですね」

　この言葉は，私だけでなく，多くの先輩先生が言われたことのある言葉ではないでしょうか。

　人間ですから失敗することは当たり前です。

　しかし，若い先生たちは，「先輩先生」は仕事にも慣れており，何でもできるような錯覚をして私たちのことを見てくれています。

　それは，とてもありがたい話ではありますが，その錯覚をずっと持ってしまうと，いつしか若い先生が自分自身と先輩先生を比較してしまい，「自分ってダメな先生なのかなぁ……」と自分を責めてしまうことにもつながってしまいますし，「こんな恥ずかしいことを話せない」と，先輩先生に対して仮面をかぶって接してしまうことにもつながるでしょう。

だからこそ，私は

> 意図的に失敗エピソードを話す

ようにしています。若いころにしたあんな失敗エピソードや，この歳になっ
てもやってしまったこんな失敗エピソードもできるだけ話すようにするので
す。

そうすると，決まって

> 「先生の失敗エピソードを聞いて安心しました」

という言葉が返ってくるものです。

そして，若い先生は「また，がんばろう」という意欲につながりますし，

> この人になら，失敗エピソードを私も話せる

という安心につながるのです。

　学年主任は，意図的に失敗エピソードを語るようにしましょう。主任だか
らと成功した姿ばかりを見せる必要は全くありません。失敗をシェアしなが
ら学年経営をしていきましょう。きっと，若い先生にとって安心できる学年
へと変わっていくはずです。

POINT!

・失敗エピソードを意図的に語るようにしよう。
・失敗エピソードは若い先生を安心させると知っておこう。
・失敗の共有で，安心できる学年を目指そう。

ごめんなさいを伝える

上司という自覚を持つ

　学校現場ではあまりなじみのない感覚かもしれませんが，学年主任ともなれば，学年の先生の「上司」という立場になります。上司だからこそ気を付けたいことがあります。

指導のミスを認められるかどうか

　あるインターネットサイトのページに，次のような見出しが書かれていました。

【500人に聞いた】嫌いな上司の特徴ランキング！　　　　　　（Biz Hits）

　この調査によると，「嫌いな上司ランキング」のトップ5は，次のような結果が出たそうです。

　1位……相手によって態度を変える
　2位……仕事を押し付ける／仕事をしない
　3位……高圧的／偉そう
　4位……気分屋
　5位……自分がすべて正しいと思っている

どの項目も「上司として気を付けないと……」と思うところばかりですが，私が学年主任の先生方に特に気を付けてほしいのが，

　1位……相手によって態度を変える
　3位……高圧的／偉そう

の二点です。他の項目も上司として気を付けるべきことではありますが，学年主任として特に留意したいのがこの二点といえます。

　また，学校の先生は，日々，子どもたちの前に立ち指導をしている立場ですので，「自分のミスや過ちを認められない」というケースがしばしば見られます。それも「印刷ミス」「操作ミス」などの物理的なものならまだしも，「指導ミス」などは，なかなか受け入れられないものです。

　そんなときに大切なのが，

　素直に謝る

ということなのです。

　もしかすると，学年主任としてのあなたの指導や伝達が不適切で，他のクラスではうまくいかなかった，ということもあるかもしれません。そんなときに「今回の指導は失敗だった。申し訳ない」と，学年メンバーにスッと言えるかどうかが信頼につながることを忘れないようにしましょう。

POINT!

・世間の「嫌いな上司ランキング」からヒントを見つけよう。
・教師は指導のミスを認めにくいことを知っておこう。
・素直な謝罪が信頼につながることを押さえておこう。

コーチングと
カウンセリングを
使い分ける

「コーチング」「カウンセリング」は必須スキル

　「コーチング」「カウンセリング」の二つはコミュニケーションの必須スキルであると私は捉えています。そして，学年主任がこの両方のコミュニケーションを使いこなせるようになることで，学年のメンバーを安定させることにつながります。

コーチングとカウンセリングを知ろう

　トラブル対応として p.78でも紹介した「コーチング」と「カウンセリング」ですが，改めてその意味を確認しておきましょう。

コーチング
その人の本来持っている力や考えを引き出し，より良い方向へと導いていくこと

カウンセリング
その人の今弱ってしまっている部分を受け止め，自己治癒力の促進を促しつつ，回復のサポートをすること

　つまりは

コーチングは０からプラスを目指す

> カウンセリングはマイナスから0を目指す
>
> （ゼロ）

と整理できます。すると，目の前の人が抱えている課題に対して，どちらのスキルでアプローチすればよいのかがわかります。

それぞれの基本的なスキルは，次の通りです。

> コーチング
> 質問を通してその人の力や考えを引き出す

> カウンセリング
> 傾聴を通してその人の本来持つ力を取り戻す

もちろん，コーチングとカウンセリングはいつも別々のスキルとして存在するのではなく，時に組み合わせながら実施されることもあります。例えば，

> カウンセリングで共感した後に，質問でその人の力を引き出す

といったこともあります。それぞれの具体的な場面での活用方法は次のページからお伝えしていきます。

POINT!

- ・コーチングは相手の力を引き出すと捉えておこう。
- ・カウンセリングは相手をしっかり受け止めることから始まると知ろう。
- ・カウンセリングとコーチングは組み合わせることもあると知ろう。

コーチングスキルで
学年を導く

事例からコーチングスキルを考える

　コーチングスキルは，年間の学年経営においても日常的に活用できるスキルです。ここでは，事例を交えながらいっしょに考えていきましょう。

コーチングで確かな理想を持つ

　コーチングは，日常の小さな場面でも活用することはできますが，次のような場面で私はよく取り入れています。

> どのようなクラスをつくっていきたいのかを考える

　この場面に焦点を当てて見ていきましょう。

　「どんなクラスをつくっていきたいですか？」
　教員採用試験のときのような質問ですが，私たちが学級担任であるかないかを問わず，子どもたちと関わっていく以上，いつも突き付けられる大切な質問です。
　特にそのようなことを考えるのは，学級開きのときが多いのではないでしょうか。ここで学年のメンバーが「自分はこのような理由でこんなクラスがつくりたいんだ」という思いや考えを持つことができると，１年間が安定してきます。
　では，そのようなときは，どのような質問を投げかけるとよいのでしょう

か。それは，

> これまでに「学級担任をしていて『いいなぁ』と思った瞬間」はどんな
> ときだった？【小さな具体例】

> それは，どうしてそのように思った？【理由付け】

> 何か関連するエピソードはある？【経験との関連】

このような問いを重ねてみましょう。すると，

> **具体例・理由付け・経験**

という三つの側面から「自分のつくっていきたいクラス」を見つけることが
できます。よく「今年は○○なクラスをつくる！」と理想を持ったものの長
続きしない理由は，上記のような要素と関連付けることができていないから
です。学年メンバーには，コーチングスキルで，確かな理想を持ってもらえ
るように働きかけていきましょう。

POINT!

- コーチングは，日常にも節目にも活用しよう。
- コーチングスキルで，メンバーの持つ力を引き出そう。
- コーチングスキルで確かな理想を持ってもらえるようにしよう。

カウンセリングスキルで
学年を包み込む

カウンセリングは必須スキル

　学年主任として「カウンセリングスキル」を持っておくことは，大きな強みとなります。もちろん，高度なスキルは必要ありません。最低限，基礎的なスキルを持っておくようにしましょう。

日常と緊急時でカウンセリングスキルを使いこなす

　学年主任としてカウンセリングスキルを発揮する場面とは，どのようなときなのでしょうか。

　私は

・日常
・緊急時

の二つに分けて捉えています。

　学校現場で働いていると，時に強いストレスがかかりメンタルの調子が悪くなることがあります。

　これまで起こった事例でいうと，例えば次のようなものがあります。

・意見の食い違いから激しい口論になってしまった
・研究授業で自分の思うようにいかず，協議会で批判を多く浴びてしま

った
- 子どもたちと信頼関係をうまく築けず，学級がうまくいかなかった

　このようなとき，人は強いストレスがかかり，心の状態が不安定になってしまいます。そのようなときは，

とにかく受容してくれる存在（自己受容）

とにかく傾聴してくれる存在（話すことで情報を整理する）

が必要です。まさに，緊急事態です。

　このようなとき，学年主任がその存在なのかどうかが大きな分かれ道となります。時間はかかるかもしれませんが，とにかく話を聞くことが必要です。

　では，緊急時に話をしたいと思える存在かどうかは，どのように決まるのでしょうか。それは，やはり「日常」にかかっています。日常的に傾聴しているかどうかで，このような場面での助け舟になれるかどうかが決まってくることを心得ておきましょう。

POINT!

- 日常と緊急時の二つの場面を頭に入れておこう。
- 緊急時には，受容と傾聴が肝になることを押さえよう。
- 日常の傾聴が緊急時の助け舟になると心得よう。

常に先手を取る

先手を取る意識を常に持つ

　学年主任には「見通す力」が欠かせません。学年主任として，いつも少し先を見るように心がけ，「常に先手を取る」ということを忘れないようにしましょう。

学年主任はメンバーの状態も先取っていく

　では，学年主任として「先手を取る」のは，どのようなことがあるのでしょうか。

・学年の業務
・学校行事の業務

　これらは，もちろん含まれることでしょう。
　しかし，これらの「業務」だけではいけません。
　学年主任が先手を取ることとして，忘れてはいけないのが，

メンバーの状態の把握

です。
　例えば，ある先生が研究授業を控えているとします。研究授業の日程はあらかじめ決まっており，教科も決まっているとしましょう。

そんなとき，学年主任として

> 「2か月後の研究授業では，どの単元で授業をしたい？」
> 「そこでは，どんな授業に挑戦してみたい？」

などといった質問をしてあげましょう。

　普段の何気ない声かけの場面なのですが，上記の二つの質問からは，例えば次のようなことを相手に気が付かせたり，引き出したりすることができます。

> ・予定把握のタスクに気付かせる
> ・どのようなゴール設定をしようかという思考を引き出す

　何気ない会話場面ですが，もし，こうした会話がなかったら，どうなるでしょうか。

　気が付けば研究授業2週間前。今から取り組もうにも，実施できる学習内容は決まってしまっている。本当はこんなことをしたいのに，今の状況ではできるはずがない……。いろいろな資料を作成していく必要もある……。

　そのような後手に回った取り組みに変わってしまうでしょう。

　何気ない声かけなのですが，相手の状態を大きく変えることにつながっていくのです。

　このように，メンバーのより良い状態も先手を取れるようにしていきましょう。

POINT!

・学年主任としてメンバーの状態の見通しも持てるようにしよう。
・何気ない会話が相手の状態を良くすると知っておこう。
・メンバーのより良い状態を先取りしていこう。

常に見通しを持つ
ための工夫

見通し力を持つために

　ここまで「学年主任は見通しを持つ力が必要不可欠」と，何度もお伝えしてきました。それでは，具体的にどのような工夫をすれば，見通しを持つことができるのでしょうか。

予定把握のための具体的スキル

　学年の見通しを持つためには，次のことを徹底するしかありません。

> 予定把握を徹底的に行う

　そのために，私は次のようなことをしています。

●手帳に手書きで予定を書き込む

　自身の手帳に，学校の年間行事予定を見ながら手書きで書き込んでいきます。このときは，自分の学年に関係する予定だけで結構です。

　とてもアナログで手間のかかる方法ですが，やはり手で書き込んで時間をかけることで，どのような行事があるのかを脳に刻み込むことができるのです。

　また，あえて手書きして予定把握に時間がかかることも，工夫の一つです。そのようにすることで，書きながら「どのような行事にしたいのか」を少しイメージする余白が生まれます。その時間的余白が大切だと思っています。

●学年に関係ある行事を表にまとめる

例えば，簡単に次のような表を作成します。

4月	5月	6月	7月	8月	9月
学級開き 学習参観 学級懇談	家庭訪問 春の遠足	プール開き 土曜参観	個人懇談 終業式	始業式	運動会
10月	11月	12月	1月	2月	3月
秋の遠足 1日参観	作品展	個人懇談	始業式 避難訓練	学年別 学習発表会	修了式

　このような表を作成することで，それぞれの月でどのような予定があるのかを一目で把握することができます。この表を学年のメンバーに共有しておくと，メンバーも見通しを持って仕事に取り組むことができるでしょう。

　こうして，とにかく予定を把握するように努めます。できれば「運動会は9月の第4週に設定されている」などと，月と週がすぐに出るくらいまでに頭に入れておきましょう。

　そこまですることで，ようやく「見通しを持っている」といえるのです。

POINT!

・手間がかかっても，手帳に手書きで行事予定を書き込んでみよう。

・1年の関連行事を表にまとめてみよう。

・大きな行事の月と週を言えるくらいに把握しよう。

時に姿で見せる

見られているという意識

　子どもたちが先生の姿を見ているのと同じように，学年のメンバーも主任の先生の姿を見ています。「自分は見られている」という意識を持つように心がけましょう。

姿で信頼を得る

　子どもたちは，自分の親や学級担任にかっこよくいてほしいもの。

　職員室の先生であれば，校長先生には，やはりかっこよくスマートにいてほしいものです。

　その感覚は，学年の中でももちろんあります。

　学年団の先生は，学年主任にはかっこよくいてほしいものなのです。

　学年主任である以上は，

> いつも自分は見られているもの

という意識を忘れないようにしましょう。

　それは，身なりや立ち居振る舞いといったこともそうですが，「仕事」についても同じです。

　「やっぱりさすがだな」

と思ってもらえる場面もつくりだしていかなければいけません。

　では，どのようなときに，学年メンバーにそのように思ってもらえる機会

があるのでしょうか。

　例えば，運動会に向けたグラウンド整備。

　まだまだ残暑の厳しい時期に運動場で作業をするのは，身体にこたえるものがあります。そんなときこそ，仕事の姿を見せるチャンスかもしれません。

・できるだけ早く作業に取りかかる
・自分が気付いた仕事に進んで取り組む
・できるだけ前向きに取り組む

　そんな姿を見せることで「学年主任であってもこうした仕事を進んでするんだなぁ」と，言葉にはせずとも伝わるものがあると私は思っています。

　他にも，

・子どもたちの前では笑顔で立っている
・子どもたちにていねいな言葉づかいで話している
・保護者の方にきめ細かく連絡をしている

などといった姿は，日常的な風景のように思いますが，学年のメンバーをはじめ，周囲は見ていると思っておきましょう。

　姿で信頼を得ることは，関わりで信頼を得るのとは，また違った重みがあります。「姿で信頼を得る」ことを頭に入れておいてください。

POINT!

・何気ない仕事の場面でも見られていることを忘れないようにしよう。
・普段の子どもたちや保護者との関わりの姿も意識しよう。
・「姿で信頼を得る」ことを意識しよう。

学年の人数に合わせた運営をする

人数別の学年経営の在り方

　学年経営といっても，学年を構成する人数や，その方法によって大きく変わってきます。ここでは，人数別の学年経営の在り方について見ていきましょう。

人数の差によって生まれる特質

　人数によって運営の仕方がうんと異なるのが学年経営です。

　以下の表をもとに見ていきましょう。

項目／人数	1	2	3	4	5
連絡事項					

　人数が少ないほど，連絡事項を共有するなどの手間は減ります。人数が多い学年は，連絡事項の共有ミスに気を付けましょう。

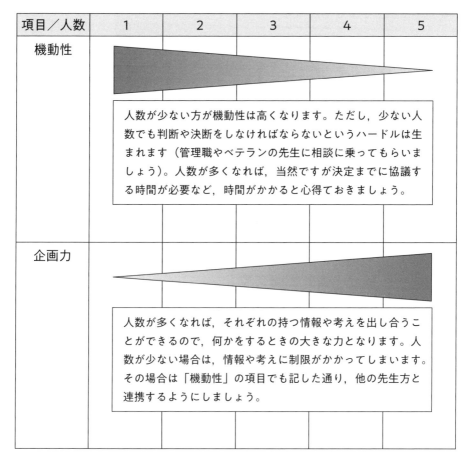

項目／人数	1	2	3	4	5
機動性					
企画力					

機動性：人数が少ない方が機動性は高くなります。ただし，少ない人数でも判断や決断をしなければならないというハードルは生まれます（管理職やベテランの先生に相談に乗ってもらいましょう）。人数が多くなれば，当然ですが決定までに協議する時間が必要など，時間がかかると心得ておきましょう。

企画力：人数が多くなれば，それぞれの持つ情報や考えを出し合うことができるので，何かをするときの大きな力となります。人数が少ない場合は，情報や考えに制限がかかってしまいます。その場合は「機動性」の項目でも記した通り，他の先生方と連携するようにしましょう。

　このように，人数の違いによるメリット・デメリットがあることを押さえておきましょう。人数に合わせた学年経営をすることは，大切なことです。人数に合わせた戦略的な学年経営を実施しましょう。

POINT!

・人数の差によって生まれる特徴を押さえよう。
・人数の差によるメリットとデメリットを知っておこう。
・人数に合わせた学年経営ができるように戦略的に行おう。

人に助けてもらう

ラーニング・コンパスから学ぶ

　学年主任だからといって「自分で全部やらなければいけない」と考えるのは大きな間違いです。OECD（経済協力開発機構）が提唱している「ラーニング・コンパス」から，「人に助けてもらう」ことについて考えましょう。

つながりを自分の力と認識する

　OECD が提唱しているラーニング・コンパスをご存じでしょうか。
　ラーニング・コンパスとは，

教育の未来に向けての望ましい未来像を描いた,進化し続ける学習の枠組み

とされています。そして，その中には

・生徒エージェンシー
・共同エージェンシー

という二つの言葉が使われています。
　エージェンシーとは，

変革を起こす能力

のことを指していて,「生徒エージェンシー」「共同エージェンシー」は,それぞれ「変革を起こす個人の力」「変革を起こす共同体としての力」とされています。

ここで注目したいのが「共同エージェンシー」です。

共同エージェンシーの考え方では,

その人のつながりも能力である

とされているのです。

例えば,学年主任だけでは解決できない事案ではあるが,学年主任とつながりのある教頭先生といっしょに解決に取り組むことのできる事案があったとします。そのときには,学年主任とつながりのある教頭先生の力も,学年主任の力であると考えられるのです。

イメージすると,右のような図になります。

決して自分の力は自分だけに閉じているのではなく,つながりのある人たちへと開かれています。自分の力は周りの人の力であり,周りの人の力も自分の力なのです。そんな意識で「人に助けてもらう」ことを実現してください。

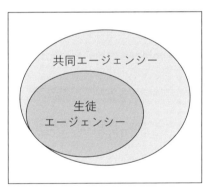

POINT!

・「共同エージェンシー」の言葉を押さえておこう。

・自分につながりのある人の力を活用しよう。

・自分の力は自分の中にあるだけではないと心得よう。

Chapter 4

押さえておきたい！
学年主任としての心構え

教師としての充実度は学年団によって決まる

学年団の充実が教師としての充実に

　ここまでに記してきている通り，その年の仕事で過ごす場所の多くは学級，そして学年となります。その学年団がどのように充実しているかで，1年の教師としての充実度が決まってきます。

リーダーが集団をつくる

　その年の充実度は学年団によって決まる——これは，もちろん「指導のしがいがある1年生だから」とか，「行事で中心になる6年生だから」ということではなく，

> どのような学年のメンバーと出会うか

によって決まるということです。さらには，

> その学年のリーダーである学年主任によって決まる

と捉えておきましょう。

　どのような人と組むのかも大切なことですが，どのようなリーダーと出会うのかは，さらに大切なことです。学年をファシリテートし，その集団の空気感をつくるのはリーダーです。

　ぜひ，学年主任として良い空気をつくっていってください。

失敗 OK にする
システムづくり

失敗は起こるもの

　学年主任としては,「学年としての失敗」はできるだけ避けたいもの。そして「リスクヘッジ（危機回避能力）」も学年主任として求められる力の一つです。とはいえ,学年では失敗が起こることもあり得ます。

失敗 OK の想定をしておく

　「失敗は成功のもと」「挑戦があるから失敗がある」などといわれます。
　物事を良くしようと思えば,挑戦や思考錯誤はつきものであり,そこには失敗もついてくることもあるでしょう。
　そうであれば,

> 失敗を想定した学年づくり

をしておくことがおすすめです。
　失敗があったら○○先生に相談しよう,失敗があったらこのような形でおさめるようにしよう,と学年主任は失敗があったときのルートを描いておくことが大切です。
　何より,失敗してもこの学年主任がいれば大丈夫,この学年団だったら大丈夫という関係性,心理的安全性を日ごろから築いておくことです。失敗を恐れない学年をつくっていきましょう。

全クラスの担任としての意識を持つ

学年フロアでの過ごし方をどうするか

　毎日，足を踏み入れる学校。その中でも自分の教室や自分の学年フロアで過ごす時間が多くなることでしょう。では，その毎日の学年フロアで学年主任としてどのようにして過ごせばよいのでしょうか。

全クラスの子どもたちへ意識を向ける

　「○○主任」になった際には，次の視点が必要です。

> ### ひとつ視座を高くする

　学年主任となれば，自分のクラスだけでなく他のクラスのことも意識しなければならないのです。すなわち，

> ### すべてのクラスの担任である

という思いで，子どもたちのことを見るようにしましょう。

　とはいえ，学級担任の先生を差し置いて見るというわけではありません。

　学級担任の先生を立てつつ，自分もそのクラスの担任と同じ思いで子どもたちを見守っていくというスタンスです。

　自分のクラスのみならず，全クラスに意識を向けるようにしましょう。

学年メンバーは
家族と同じと心得る

学年メンバーは家族だ

　「どんな先生と学年を組むのだろう」ということは，学級担任の先生だけでなく，学年主任としても気になるところでしょう。しかし，いったんメンバーとなれば「学年メンバーは学校での家族」という意識を持ちましょう。

学年主任は学年メンバーを預かっている

　学年のメンバーといっても，たまたま同じ学年になっただけの先生です。
　「あの先生とはどうしても気が合わないんだよなぁ」
　「あの先生のやり方は苦手なんだよなぁ」
といった思いを，学年主任が持つことは当然のことです。
　学年主任だからといって，何でも受け入れることができるわけではないことも，一人の人間であるからこそ，当たり前のことといえます。そのような思いを持つこと自体を否定するわけではありませんが，学年主任が，たった一人でもメンバーを切ってしまうようなことがあっては決していけません。学年主任は子どもたちのみならず先生方も預かっているという立場だからです。同じ学年のメンバーとなったのであれば，

> 学年のメンバーは1年間の家族

という意識を持ちましょう。家族であれば，失敗も過ちも受け止めることから始まるはず。ぜひ，そんな意識を持ってください。

仕掛ける姿勢を忘れない

長い1年間で持ち続けたい姿勢

　長い1年間を過ごす中で，盛り上がって取り組む時期もあれば，静かに停滞する時期もあることでしょう。そんな中でも，いつも「仕掛ける」姿勢は忘れずに持っておきましょう。

落ち着いているときこそ仕掛ける姿勢を

　学年主任の意識は，そのまま集団に影響を与えるものです。

　つまり，学年主任が守りに入れば集団は守りに入りますし，仕掛ける意識を持っていれば仕掛けていくような集団へと変わっていきます。

　人は，何か問題があれば「それを解決しよう‼」と，積極的に仕掛ける思考に変わっていくものですが，そうでなく落ち着いた雰囲気のときには，「まぁ落ち着いているし，いいかぁ」となってしまうものです。

　しかし，そんなときにこそ，見えないところで次の問題が膨らみ始め，顕在化することへとじわじわと進んでしまっているのです。

　だからこそ，

落ち着いている普段から，改善に向けた「仕掛ける」姿勢を忘れない

ようにするのです。「攻撃は最大の防御」などといいますが，ぜひ，仕掛ける姿勢で，日々の学年経営を進めていってほしいと思います。

毎日の学校業務を
楽しむ

学年主任の笑顔が大切

　学年主任の雰囲気は，そのまま学年へと影響するもの。だからこそ，学年主任が「笑顔」で過ごすことは，何よりの安心感を生み出します。

学年主任のステートを整える

　心理学では，心の状態を「ステート」と呼ぶことがあります。

　すべての先生が，この「ステート」を大切にするべきなのですが，学年主任であれば，よりステートを整えた状態で，毎日の学校生活を送る必要があります。

> 学年主任のステートの状態が，学年の状態に反映される

というように捉えておきましょう。

　ステートの状態が悪いと，当然，思考の状態が悪くなります。思考の状態が悪くなると，判断や行動のパフォーマンスが下がります。

　学年主任はいつもステートを良い状態にする。つまり，学年主任はいつも「上機嫌でいる」ことを基本とするのです。

　学年主任の上機嫌は，そのまま学年の雰囲気につながります。より良い雰囲気づくりこそ，より良い学年づくりにつながっていきます。

　そのことをしっかりと押さえておきましょう。

ちょっとやそっとでは
動じない

ちょっとやそっとでは動じない態度を

1年を過ごしていると，大体の場合で「事件」のようなものが起こるものです。そんなことが起こっても，ちょっとやそっとでは動じないのが学年主任の在り方です。

事件が起こっても動じない

ここまで繰り返し，学年主任の状態が学年へ影響するとお伝えしてきました。当然ですが，

> 学年主任が不安になれば，学年全体も不安になる

ことはいうまでもありません。

1年のうちに「事件」のようなことが起こったときに，学年主任がどのように立ち居振る舞うかが，学年メンバーの安心につながっていきます。

そこで

> どのような事件が起こっても大丈夫

と，どしっと構えるようにしましょう。

非常時でも慌てずに冷静に対応することが，学年メンバーの大きな安心につながります。そのことを忘れないでください。

先生のウェルビーイング なくして，子どもの ウェルビーイングなし

先生が充実してこそ

　学校で働くうえで絶対に欠かせないことがあります。それは「先生のウェルビーイングなくして，子どものウェルビーイングなし」ということです。まずは，先生の充実度を高めることを意識してください。

ウェルビーイングを最上位に

　社会は「ウェルビーイング」に向けて動き出しています。

　世間でも「先生の働き方」が取り上げられ，注目されているといってもいいでしょう。

　「先生が働きすぎている」

　「先生が疲れている」

　それによって一番良くない影響は，

> 先生たちのウェルビーイングが下がってしまう

ということです。疲れた先生，人生の充実感を感じていない先生に教わる子どもたちは幸せでしょうか。

　先生の「働きすぎ問題」の一番の原因はそこにあると私は思います。

　ぜひ「ウェルビーイングファースト」で，様々なことを考えるクセをつけてほしいと思います。

自分自身を
アップデートする

学年主任は自分をアップデートする

　学年主任として決して忘れてはいけないマインド。それは「自分自身が成長し続ける」ということです。毎日の小さな学びで構いません。自分をアップデートする毎日を送りましょう。

教育者として大切にしたい考え

　教育界には，このような言葉があります。

> 進みつつある教師のみ，人を教うる権利あり

　これは，ドイツの教育学者であるジステルエッヒの言葉として知られています。私たちの仕事は，人に教える仕事です。学級担任であれば，子どもたちを教えるだけでしたが，学年主任にもなれば，学年に若い先生が入ったときには，若い先生にも教えていかなければいけない立場です。

　だからこそ，この言葉をいつも思い出しましょう。

　人を教えるという尊い仕事をしているからこそ，自分が成長し続ける。

　自分が成長し続けるからこそ，人に教えることができる。

　古い言い方になってしまうかもしれませんが，それこそ「教育者」なのだと私は思っています。

　学年主任という立場を通して，そのような考えも，ぜひ身に付けてほしいと思っています。

学年主任はその人の キャリア形成の パートナー

学年主任として忘れてほしくないこと

　学年主任として決して忘れてほしくないことがあります。それは，学年の メンバーにとって「学年主任はその人のキャリア形成のパートナー」である ということです。

学年主任の尊さを考える

　もしかすると，そのメンバーとはたった1年しか同じ学年を組むことがな いかもしれません。

　しかし，あなたは

> その人にとって，教師人生の中で出会った学年主任の一人

となるのです。

　特に，初任時代にいっしょに組んだ学年主任のことは，10年，20年経った としても，決して忘れないものです。

　その人の名前や人柄はもちろん，教えてもらったことやいっしょに仕事を した思い出は，特別な記憶として刻み込まれます。

　学年主任は，時に，それほど立場のある大切な仕事になります。

　学年をまとめていくことはもちろん，その人の教師人生の1ページに大き く関与する立場であることを自覚するようにしましょう。

　メンバーにとって「良い1年だった」と言ってもらえるように……。

本書をここまでお読みいただきありがとうございました。

いかがだったでしょうか。

「はじめに」で記させていただいた

・先を見通す力　　　　　　　　　　　【見通し力】

・メンバーの意見をつなぐ力　　　　　【ファシリテート力】

・メンバーの意見を引き出す力　　　　【コーチング力】

・メンバーの状態を支える力　　　　　【カウンセリング力】

・メンバーと確かな信頼関係をつくる力【信頼構築力】

の五つの力について，おわかりいただけたでしょうか。

　本書に記されていることをもとに，この五つの力を活用して学年経営を充実させていただけると幸いです。

　本文にも記させていただきましたが，

学級担任の先生にとって，どのような学年で過ごすことができるかどうかは，その１年の教師人生を左右する

と思っています。

　もちろん，「チーム学校」として，学校全体で協力することは当たり前のことです。運動会や研究授業など，学校全体に関わる大きな行事では，全教職員の力が必要でしょう。

　しかし，実際は，学級担任をしていれば，学級で過ごす時間が最も多くなるのは当然ですし，学年の先生たちと協力しながら過ごすことが日課となります。

私も，初任の時代から，多くの学年主任のもとで働いてきました。

　きちっとして情熱的で厳しい学年主任。
　おおらかでやさしい学年主任。
　とにかく楽しくメンバーとの関係を大切にする学年主任。
　同年代で，互いに手探りをしながらいっしょに進んでいった学年主任。

　どの学年主任を思い出しても，それぞれのカラーがありましたし，だれが学年主任になるかで，1年が左右されたなぁと振り返っています。
　そして，自分自身が学年主任となったときには，
「その人の実情に合わせることができていたのかどうか」
「その人にとって価値ある学年主任になれていたのかどうか」
「その人とどんな学年をいっしょにつくってきたのか」
といったことを，今でも振り返りますし，自分が与えることのできた影響は何だったのかと，自問自答します。
　きっと，いっしょに1年間働いたメンバーも，いまや，別の学年主任のもとで働いていたり自分自身が学年主任になったりしていることでしょう。
　しかし，確かにその人たちとの1年間は存在したのであり，その1年が，今のその人たちの仕事ぶりに何らかの影響を与えていることは間違いのないことです。

　本文にも記した通り，いっしょに過ごした1年間は，メンバーの教師人生のキャリアそのものであり，パズルのピースの一つであることは間違いのないことなのです。
　本書を通じて，そんなことが少しでも伝われば幸いです。

そして，学年主任という仕事を通じて，自分自身はもちろん，学年メンバー，そして学年の子どもたちのウェルビーイングにつながってくれたらうれしいです。

　最後に，ここまでお読みいただき本当にありがとうございました。また，学年主任として，何か悩みや課題が生まれたときには，ぜひ本書を再び開いていただければと思います。

令和6年2月

丸岡　慎弥

【著者紹介】

丸岡　慎弥（まるおか　しんや）

1983年，神奈川県生まれ。三重県育ち。

立命館小学校勤務。関西道徳教育研究会代表。

教師の挑戦を応援し，挑戦する教師を応援し合うコミュニティ「まるしん先生の道徳教育研究所」，ブログ「まるしん先生の教育＆実践研究ふんとう記」（https://ameblo.jp/marushindozo/）を運営。自身の道徳授業実践や教育に関する記事も公開中。

著書に『高学年児童がなぜか言うことをきいてしまう教師の言葉かけ』『話せない子もどんどん発表する！対話力トレーニング』（以上，学陽書房），『２時間でわかる学級経営の基礎・基本』『２時間でわかる授業技術の基礎・基本』（以上，東洋館出版社），『取り外せる文例集つき！　現場発！小学校「特別の教科 道徳」の見取り・評価パーフェクトブック』（フォーラム・A），『生徒指導主任　365日の仕事大全』『研究主任　365日の仕事大全』『教務主任　365日の仕事大全』『ココが運命の分かれ道!?　崩壊しない学級づくり　究極の選択』（以上，明治図書）など多数。

学年主任　365日の仕事大全

2024年３月初版第１刷刊 ©著　者	丸　岡　慎　弥
発行者	藤　原　光　政
発行所	明治図書出版株式会社

http://www.meijitosho.co.jp

（企画）林　知里（校正）西浦実夏

〒114-0023　東京都北区滝野川7-46-1
振替00160-5-151318　電話03(5907)6703
ご注文窓口　電話03(5907)6668

＊検印省略　　組版所 中　央　美　版

Printed in Japan　　　　ISBN978-4-18-247823-9

もれなくクーポンがもらえる！読者アンケートはこちらから →

先生の「指示」は学級づくりそのもの！

明治図書

はじめて
学級担任
になる先生のための
指示のルール

すぐに使える、ずっと使えるスキル

学級がうまくいく！

丸岡 慎弥

四六判・224 頁
定価 2,266 円（10%税込）
図書番号 2626

丸岡慎弥 著

学級がうまくいく！すぐに使える、ずっと使えるスキル

教師としての基本的なスキルの一つである「指示」。実はこれがうまくできないと学級は荒れる…といってもいいくらい、クラスがうまくいくための大切なポイントです。子どもに"伝わる"指示の基礎・基本から具体的な技術まで、先生になったらまず読みたい一冊です。

CONTENTS

第1章　「指示」とは何か―学級を操る指導言
第2章　「伝わる指示」の基礎・基本
第3章　「伝わる指示」にする話し方
第4章　「伝わる指示」に変える技術
第5章　「指示」が伝わる土台をつくる
第6章　「指示」を進化させる

明治図書　携帯・スマートフォンからは **明治図書 ONLINE へ** 書籍の検索、注文ができます。▶ ▶ ▶

http://www.meijitosho.co.jp ＊併記4桁の図書番号（英数字）でHP、携帯での検索・注文が簡単に行えます。

〒114−0023　東京都北区滝野川7−46−1　ご注文窓口　TEL 03−5907−6668　FAX 050−3156−2790